广东省农村劳动力转移就业培训教材

餐厅服务员基本技能

人力资源和社会保障部教材办公室
广 东 省 劳 动 和 社 会 保 障 厅　组织编写

中国劳动社会保障出版社

图书在版编目(CIP)数据

餐厅服务员基本技能/吴玉琴主编. —北京：中国劳动社会保障出版社，2009
ISBN 978-7-5045-7575-3

Ⅰ. 餐…　Ⅱ. 吴…　Ⅲ. 饮食业-服务人员-基本知识　Ⅳ. F719.3

中国版本图书馆 CIP 数据核字(2009)第 040693 号

中国劳动社会保障出版社出版发行

（北京市惠新东街1号　邮政编码：100029）

出版人：张梦欣

*

北京世知印务有限公司印刷装订　　新华书店经销

787 毫米×960 毫米　16 开本　10 印张　200 千字

2009 年 4 月第 1 版　2012 年 5 月第 2 次印刷

定价：19.00 元

读者服务部电话：010-64929211/64921644/84643933

发行部电话：010-64961894

出版社网址：http://www.class.com.cn

前言

职业技能培训是提高劳动者知识与技能水平、增强劳动者就业能力的有效措施。职业技能短期培训，能够在短期内使受培训者掌握一门技能，达到上岗要求，顺利实现就业。

为贯彻落实《中共广东省委、广东省人民政府关于推进产业转移和劳动力转移的决定》精神，做好广东省农村劳动力转移就业培训工作，提高培训质量，满足广东产业结构调整升级和经济发展对劳动力的需求，促进农村劳动力稳定转移就业，人力资源和社会保障部教材办公室和广东省劳动和社会保障厅共同组织编写了广东省农村劳动力转移就业培训教材，涉及二产和三产职业（工种）。在组织编写教材的过程中，以相应职业（工种）的国家职业标准和岗位要求为依据，并力求使教材具有以下特点：

短。教材适合 15～45 天的短期培训，在较短的时间内，让受培训者掌握一种技能，从而实现就业。

实。教材中只讲述必要的知识和技能，不详细介绍有关的理论，避免多而全，强调有用和实用，从而将最有效的技能传授给受培训者。

易。内容通俗，图文并茂，容易学习和掌握。教材以技能操作和技能培养为主线，用图文相结合的方式，通过实例，一步步地介绍各项操作技能，便于学习、理解和对照操作。

这套教材适合于各级各类职业学校、职业培训机构在开展职业技能短期培训时使用。欢迎职业学校、培训机构和读者对教材中存在的不足之处提出宝贵意见和建议。

编审指导委员会

简介

本书从餐厅服务员工作岗位所需要掌握的各项工作技能和相关知识出发，先介绍了餐厅服务员所需掌握的基础知识，接着重点讲述餐厅服务中的端托、斟酒、餐巾折叠、摆台、上菜、撤换餐具等基本技能，然后再说明餐厅服务中的中餐服务、西餐服务、宴会服务几种具体服务，最后介绍一些酒水知识，对餐厅服务员的知识进行扩展，使其学完后能更好地完成工作。

本书简明扼要、实用性强，书中重点技能操作部分都配有相关实训内容，使教师教学、学生学习都更具有趣味性和实效性，从而使学习者能更好地掌握餐厅服务中的操作技能，顺利实现上岗就业。

本书由吴玉琴主编，其中第一章、第六章由连映丽编写，第二章、第四章由马自懿编写，第三章、第五章由吴玉琴编写。

目录

第一单元　餐厅服务员基本知识

模块一　餐 厅 概 述

民以食为天，餐饮业的发展在我国有着悠久的历史，从先秦时期，我们的祖先就开始了对餐饮的研究。时至今日，我国的饮食文化可谓是百家争鸣、异彩纷呈。

在我国，由于地域和习惯上的差异，餐厅的规模大小各不相同，有饭店、酒楼、酒家、食府、餐馆、大排档等多种称呼。

一、餐厅的分类

在我国的餐饮市场上，存在着大大小小、各色各样的餐厅，他们都有着各自的特色菜肴与特色服务，国内较为常见的餐厅主要有：

1．中餐厅

中餐厅主要是指提供中式菜点和中式服务的餐厅，如图 1—1 所示。中餐厅的菜肴主要以中国传统的“八大菜系”为基础，经营鲁菜、川菜、粤菜、淮阳菜、湘菜、徽菜、闽菜、浙菜等。很多中餐厅还经营素菜、少数民族菜、宫廷菜等特色菜品，同时经营各种中式面点。中餐厅的环境、氛围、装修特点、服务方式也同样体现中国的传统和特色。

2．西餐厅

西餐厅主要是指提供西式菜点和西式服务的餐厅，如图 1—2 所示。西餐厅大多都以经营法国菜、意大利菜、德国菜、俄式菜为主。

图 1—1　中餐厅

图 1—2　西餐厅

3. 自助餐厅

自助餐厅是指所有菜点酒水都陈列在餐台上，宾客根据自己的喜好进行选择、自由进食的餐厅形式，如图 1—3 所示。我国三星级以上酒店一般都设有自助餐厅，也有一些具有特色的自助餐厅，自助餐厅中西菜点丰富，装盘注重装饰，盛器注重个性，摆放注重层次。

4. 大宴会厅和多功能厅

大宴会厅和多功能厅是酒店宴会的重要组成部分，是宴会部经营活动的重要场所，通常是以一个大厅为主，周围还有数个不同风格的小厅，如图 1—4 所示。

图 1—3　自助餐厅

图 1—4　大宴会厅

5. 特色餐厅

特色餐厅是餐饮文化发展、传播到一定阶段的产物，它具有鲜明的地域、宗教、历史、文化等人文特征，如图 1—5 所示。

除此以外，平时比较常见的餐厅还有：咖啡厅、日本料理、韩国料理、快餐厅等。

图 1—5　宫廷菜特色餐厅

二、餐厅的地位与作用

随着社会生产力的发展和人们价值观的改变、现代交通业的发达、旅游业的兴起与快速发展，人们对饮食及其服务的要求越来越高，餐厅在人们的生活及国民经济中的地位日趋重要，在一些旅游业发达的国家，它已成为国民经济中的重要支柱。其对促进国民经济发展的重要作用，主要体现在以下两方面：

（1）餐厅以一种特殊的商品形式，拉动国家经济发展，促进社会和谐。2000 年以后，餐饮业的发展和繁荣为我国经济社会发展带来了巨大的经济效应、社会效应和产业效应，在拉动消费需求、构建和谐社会、增加税收、促进国际交流与合作等方面发挥了重要的作用。

（2）餐饮业是一个综合性的服务行业，它的大力发展必然会促进社会上其他行业的发展，如建筑业、家私业、装修业、纺织业、化工业、食品加工业等行业。因此，餐饮业的发展，不但活跃了国民经济，同时还扩大了就业范围，给社会上的待业人员提供了大量的劳动就业机会。

小提示

了解你所工作的餐厅

在上岗培训中一般会传授你这方面的知识，但更多的是得靠你平时主动了解，这对你回答客人的询问、处理同事关系、做好岗位工作和发展会有很大的帮助，比如：

1. 餐厅的发展史及经营特色。

2. 餐厅周围的车站，经过公交车的主要站点通向哪些地方，餐厅距火车站、码头、机场的距离及交通方法。

3. 工作场所的分部及主要功能。

4. 餐厅设施的状况、服务项目的特色、营业场所的位置、营业时间和联系电话。

5. 餐厅各部门的主要职能、工作范围、经理姓名、办公室位置电话、有哪些下属部门及各部门主要工作。

6. 餐厅的服务宗旨、服务风格、企业精神。

模块二　餐厅的组织结构与岗位职责

一个餐厅通常会有数人至千余人组成，一家大的餐饮连锁集团甚至会多至几千人或数万人。众多的人组合在一起工作就是一个组织，为了更好地互相配合完成工作，最通用的是层级管理。一般情况下，每个员工只接收一个上司的指令，下层不越级报告，上层不越权指挥，各司其职，各尽其责。

想一想

一个董事长到酒店中餐厅和西餐厅检查工作。在中餐厅，他看到中餐厅的工作有条有理，状况非常好，他发现餐厅经理一副悠然自得的样子，只偶尔和常客寒暄几句。到了西餐厅，他发现餐厅的情况也还算良好，但管理有些混乱，餐厅经理一会帮忙倒水，一会帮忙结账，有时还帮忙收拾桌子，忙得不可开交。几天后，酒店公布了人事变动，中餐厅经理被评为优秀员工，西餐厅经理被降职。为什么悠闲的经理被评为优秀员工，而忙得不亦乐乎的经理却被降职？

一、餐厅的组织结构

餐厅集生产加工、销售服务于一身，管理过程环节多，要将这样一个复杂的部门管理好，就必须建立合理、科学、有效的网络，进行科学分工。在一家中小型的餐厅里，通常可以设置以下职位：

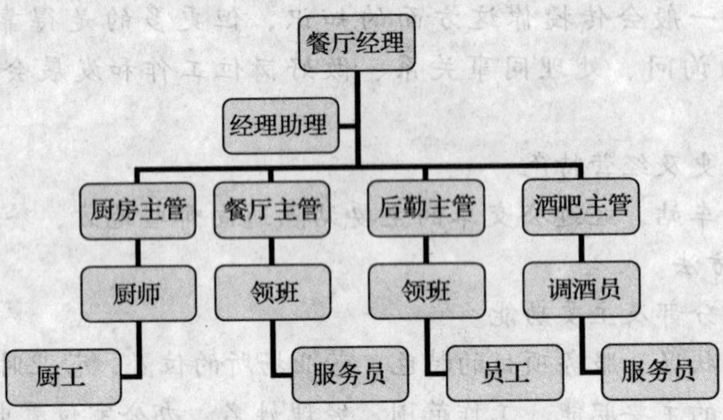

1. 餐厅经理：是在一线的指挥者、领导者，对业主或总经理负责。

2. 经理助理：主要协调内部各部门关系，协助总经理开展其他工作，如建设团队、信息收集和反馈等，对餐厅经理负责。

3. 部门主管：协调各班组的关系，协助餐厅经理布置各项工作，督导服务员工作，保证为宾客提供优质服务，对餐厅经理负责。

4. 领班：即班组负责人，是一级服务员及员工的指挥者，并对部门主管负责。

5. 服务员（一般员工）：即基层的工作人员，向领班或班组长负责。

小提示

从基层做起

刚入职时，员工会进入基层岗位工作，这是一个良好的开始，通过一段时间的学习与实践，将会有机会上升为管理层的岗位。但大家千万不要眼高手低，一入职就想做管理层工作，餐厅中很多岗位都具有较强的实操性、灵活性，如果你有志于从事餐饮业，就一定要从基层做起，了解基层工作，打好坚实的基础，以便更好地发展。

二、基层岗位职责

初入餐饮行业时，一般会由基层岗位做起，然后经过努力，逐步升任管理岗位。在餐厅里，各级各部门岗位总计达数十个，大型的餐厅有时多达一百多个不同的工作岗位。作为刚刚入行的员工，我们一般担任以下职位的机会较多，认识这些岗位的职责，才能更快的掌握工作要点。

1．服务员的岗位职责

所属部门：楼面/前厅部。

职务报告对象：楼面领班、部长。

职务说明：服务员上班期间，应做到精神抖擞、满面春风、微笑待客、热情服务、动作迅速、语言文明礼貌。

（1）餐前准备工作。

1）参加班会前，检查仪容仪表：工衣、工鞋整洁、佩戴工牌等。

2）检查地面、台面、椅子、餐具柜是否卫生、干净。

3）检查各类电器能否正常运转、有无损坏现象。

4）准备好各种备料：糖、酱油、胡椒粉、茶叶等。

5）熟悉当天的供应品种、数量、价格。

（2）餐间服务工作。

1）客人进入餐厅。服务员应微笑问好，为客人拉椅，请客人入座，根据客人数量，摆好餐具，为客人冲好茶并上小食。

2）点菜（在上司工作忙时，服务员可以为客人点菜）。在征得客人同意后，为客人介绍当天的品种，做好客人的参谋，写完客人所点的菜后，须向客人复述一遍，并在菜单上写清时间、台号、姓名。

3）上菜。上菜时必须报菜名，向客人介绍菜式的特色，同时把菜转到主人位，每上一道菜后，检查传菜员有无盖印，上菜时须事先和客人打招呼，不能在小孩、老人、孕妇旁边上菜，上汤、上粥时要帮客人分汤分粥、加汤加粥，为了吃得卫生干净须向客人提供公筷，上菜过程中如客人有不满，应及时通知上司来解决。

4）席间服务。服务员要在客人台边巡视，及时为客人换骨碟、烟灰盅，收去台面上的空碟、酒瓶、汤碗、饭碗等，为客人加茶水、酒，点菜后30分钟应检查客人点的菜是否出齐，如果没有应到出品部催单，上最后一道菜时应告诉客人菜已上齐。

5）结账、送客。客人要求结账时，及时把菜单拿到收银台，收款时要求当面点清，客人离开时，要和客人道别并检查客人有无遗留物品。

（3）餐后收拾工作。

1）清理台面，做好台面、椅子、餐具柜的卫生。

2）检查是否关掉所有电器开关，同时得到上司同意后方可下班。

（4）积极参加各种培训，端正思想和工作态度，树立敬业精神，多和同行交流心得，努力提高自身的业务知识和专业水平。

2．传菜员的岗位职责

所属部门：传菜部。

职务报告对象：传菜领班。

职务说明：传菜员在上班期间必须保持良好的仪容仪表及饱满的精神状态，做好各项传菜准备工作，准确、迅速地做好作料或用具的准备工作，及时完成传菜任务。

（1）开餐前做好充分的传菜准备工作，备好各种作料、开胃食品及刀、叉、匙、菜盖、托盘、卡式炉等用具，搞好传菜部的卫生工作。

（2）传菜及时、准确，按规定配好每道菜的作料，上桌时报菜名，并及时盖代号章。

（3）协助餐厅服务员撤换餐具，整理空瓶、罐、菜碟等，确保客人就餐环境整洁。

（4）把好质量关，如从视觉上发现菜肴不符合标准要及时向上司汇报。

（5）有早茶、夜宵的餐厅，传菜员要主动为客人介绍点心及明档食品种类。

（6）收市前，负责本部用具、物品的整理清洁工作。

（7）积极参加培训，学习掌握有关配酱、传菜技巧，多和同行交流心得，努力提高自身的业务知识和专业水平，端正思想和工作态度，树立敬业精神。

小提示

上菜的一般程序

中餐上菜的一般程序（以广东地区为例）：

汤类⟶咸鸡、拼盘类⟶白灼虾类⟶炒菜类⟶烧卤的菜式⟶香煎、煲仔类⟶粥类⟶青菜类⟶主食、点心类⟶水果

西餐上菜的一般程序：

面包、黄油⟶冷菜⟶汤斗海鲜⟶主菜⟶甜点心⟶咖啡、水果

3．收银员的岗位职责

所属部门：收银部。

职务报告对象：收银主管。

职务说明：具备良好的服务意识，快速、准确地收取货款，为顾客提供良好的服务，回答顾客咨询，注意对收银机、验钞机、收银台、计算机等的保养，负责收银区前台的清洁卫生，做好顾客的服务工作，对待顾客要文明礼貌、微笑服务。

（1）按时参加班前会，保持良好的仪容仪表及饱满的精神状态。

（2）与全体收银员一起做好收银台的安全工作，上班期间收银台的门要锁好，非收银员不得入内。

（3）上班前要检查收银机、录卡机是否正常运作，若有问题要及时上报当班主管处理。

（4）上班前要看菜式等有无变价，并牢记各种菜式、酒水的价格。

（5）负责做好每张台的抄卡工作及计算工作，确保价格准确，计算无误。

（6）负责迅速准确地打好收银单，并按收银机打出的收银单上的价钱准确地收款（注意辨别钱的真伪）。

（7）每班要及时准确地做好“收银登记表”及“营业情况日报表”（报表不得涂改），准确并如实上交每班的收款现金，交班时，必须与接班人员当场核对清楚相关的账据、零钱等，方可下班。

（8）积极参加各种培训，端正思想和工作态度，树立敬业精神，多和同行交流心得，努力提高自身的业务知识和专业水平。

4. 洗菜员的岗位职责

所属部门：后勤部。

职务报告对象：后勤部洗菜领班。

职务说明：

（1）上班前整理好仪容仪表，保持良好的精神状态，按时参加班前会。

（2）随时保持菜架、菜篮内外的干净卫生。

（3）定时清扫地面菜叶，保持菜房的清洁卫生。

（4）定时到厨房查看各类蔬菜销量情况，再决定清洗各类蔬菜的数量，保证正常供应厨房生产。

（5）做好蔬菜的保鲜工作，定时到菜棚洒水，保持蔬菜的新鲜度。

（6）夏天是害虫生长最多的季节，蔬菜农药一般会过量，所以清洗时必须用清水浸泡10分钟以上，再进行正常清洗。

（7）对于每天剩下的菜要摘除黄叶，做报废处理。

（8）积极参加各种培训，端正思想和工作态度，树立敬业精神，多和同行交流心得，努力提高自身的业务知识和专业水平。

小提示

洗菜的技巧

1. 干净菜的标准：无沙、无虫、无草、无头发、无泥。

2. 蔬菜分为硬质菜和软质菜两种，硬质菜清洗时可以用盐水来浸泡，以达到杀虫、除农药的目的，如奶白菜、菜心等；软质菜清洗时决不能用盐水浸泡，如生菜、菠菜等。

3. 菜心由于虫和沙较多，应采取横向洗，而奶白菜除了虫多，还有虫茧、虫卵，所以清洗的过程要将叶子逐片分开检查清洗，宜采取竖向清洗。两者清洗的程序是：浸盐水⟶一洗⟶二过⟶三过。

4. 生菜、菠菜是较嫩的菜，它们清洗的程序是：一泡⟶二洗⟶三过，清洗时只能慢洗、细洗，最好是现洗现用。

5. 木耳菜、通菜、苋菜、小塘菜泥多、草多，清洗时要细心、逐叶、逐根检查，它们清洗的程序是：一洗⟶二过⟶三过。

5. 洗碗工的岗位职责

所属部门：后勤部。

职务报告对象：后勤部领班。

职务说明：

(1) 节约用水，在清洗餐具时做到轻拿轻放，减少餐具的损坏和报废。

(2) 对新补充的餐具做好浸水及保养工作。

(3) 负责洗涤各类餐具，保证各类餐具的清洁卫生、消毒合格，无缺口、异物附在上面等。

(4) 保持工作场所的整洁、卫生、安全，并随时保持良好的个人卫生。

(5) 积极参加各种培训，端正思想和工作态度，树立敬业精神，多和同行交流心得，努力提高自身的业务知识和专业水平。

小提示

餐具清洗的方法

1. 清洗的程序：一拣、涮⟶二洗⟶三过清水⟶四消毒⟶五过清水⟶六过热水⟶七质检。

消毒必须用专门配置的消毒药水，比例是1∶80，时间为5分钟；热水是专门用来除污垢和杀菌的洗涤水，浸泡时间为3分钟；过清水的时间为1～2分钟。

2. 餐具的清洁标准及要求：

(1) 餐具上面无油迹、污迹，不油腻。

(2) 餐具上面无成股水流。

（3）光洁、明亮、如新，无破损现象。

3. 洗涤水的利用：洗小餐具的水用来洗大餐具，洗过大餐具的水用来洗煲仔，洗过煲仔的水用来泡煲仔，最后废水还可以用来冲洗地面，这样可以充分利用水源，节约清洗剂。

6. 洗手间清洁员工

所属部门：楼面部。

职务报告对象：楼面部指定领班。

职务说明：

（1）主要负责餐厅各洗手间和宿舍公共卫生间的卫生，负责做好楼面洗手间的消毒及清洁卫生工作，保持清洁、无异味等，及时添加卫生间洗手液、擦纸，更换垃圾袋，保持空气清新。

（2）在开市前两个小时打开洗手间排气扇，保证洗手间的天花板、地面、门窗、墙壁无灰尘和蜘蛛网，洗手台、镜面上无水迹、脏迹，纸篓要清理干净，便槽无菌斑等，可喷洒香水使卫生间有淡淡的香味。

（3）每30分钟到洗手间作一次检查和清理。

模块三　餐厅服务员的素质要求

由于餐厅服务员都是直接和顾客接触，因此他们就代表餐厅的形象，所以，餐厅服务员的服务应符合现代餐饮服务业的特点与要求。想要树立一个良好的形象，使顾客满意，就必须靠服务的技能和素质。只有努力提高自己素质与技能，才有可能进一步成为一名优秀的餐厅服务员，为餐厅增光添彩。

一、职业道德

案例分析

某餐厅有个别服务员，因为餐厅所提供的食品档次高，价格贵，物品好，比如洋酒一般都是人头马、马爹利之类的，都想品尝一下，但是东西太贵了，买不起，怎么办呢？于是他们想出一个办法，就是我吃东西客人你付钱！他们的手段做得非常到位，专门寻找房间里比较凌乱、消费的食品比较多的这类男性客人。因为这类客人花钱比较随意，消费的东西多，在结账的时候自己也一下子记不起来所消费的物品。于是就这样给服务员付了钱，当了小费了。但是服务员也有失策的时候，偶尔算计到一位比较精明的客人头上去了，导致客人投诉，这种情况员工就下不了台了。

分析提示

从案例我们可以看到因为员工的职业道德不好，导致客人受到了损失，餐厅也名誉扫地。

为了能更好地提供优质服务，每一个餐厅服务员都必须遵守一定的职业道德规范。热情友好，客人至上是餐厅职业道德中最基本和最具特色的一项道德规范，是餐厅真诚欢迎客人的直接表现，是餐厅服务员敬业、乐业精神的具体体现；真诚公道，信誉第一是正确处理餐厅与客人之间利益关系的一项行为准则；文明礼貌，优质服务是餐饮业一项极其重要的道德规范和业务要求，也是餐厅职业道德一个最显著的特点；团结协作，顾全大局是餐厅经营管理成功的重要保证，是餐厅内部处理同事之间、岗位之间、部门之间以及大局利益与整体利益、眼前利益与长远利益等相互关系的一项行为准则；遵纪守法，廉洁奉公是餐厅服务员正确处理个人与集体、个人与国家关系的行为准则，既是行政和法律的要求，又是道德规范的要求；钻营业务，提高技能是各行各业共同的业务要求和道德规范，也是餐厅职业道德不可缺少的基本规范之一，是餐厅服务员搞好本职工作的关键；平等待客，一视同仁是自觉地去尊重客人的人格，主动热情地去满足客人的合理要求，把令人满意的服务提供给每一位客人；在提供服务时，要摒弃“看人下菜碟”的旧习气，绝对禁止以貌取人和以职取人。

二、身体素质

俗话说：“身体是革命的本钱”，一个人如果没有强健的体魄，那么他做任何事都只能是心有余而力不足。餐饮服务工作负荷很大，工作必须长时间站立或四处走动，托盘、上菜等都需要一定的腿力、臂力和腰力，而且还要与不同类型的客人打交道，满足不同客人的各种要求，劳心耗神。所以，从事餐饮服务工作的人必须具备健康的身体和充沛的精力。

小提示

餐厅服务员如何保持精力

餐厅服务员应做到饮食起居有规律，坚持参加体育锻炼，始终保持旺盛的精力和体力。必须每年进行一次体格检查，取得健康证后方能上岗，凡患有各种传染病和化脓性、渗出性皮肤病的人不宜从事餐厅服务工作。

三、仪表要求

1. 仪表端庄

服务人员是处在餐厅工作的第一线，如果能做到仪表端正、仪容整洁、态度和蔼，就会给客人留下美好的第一印象。这个第一印象就会使客人在整个用餐过程中都感到愉快、舒心，并在就餐后仍然对餐厅留有好感。所以，服务员一定要明白，自己所表现出来的形象不仅仅代表个人，同时也代表餐厅，甚至代表整个酒店。

案例分析

小刘在一家酒店的中餐部实习，因为不适应体力劳动，感到特别劳累，有一天早晨她像平时一样在做餐前准备，在清洁地面卫生的过程中，头发散乱下来，脸色也不好，因为早上没有化妆，手里拿着拖把正在拖地，突然一位客人叫道，“小姐你有东西掉了。”小刘回头一看，原来是餐桌布落在地上了。但是当小刘回头的那一刹那，客人表露出了惊讶之情，看得出来他肯定是被小刘的仪表仪容给惊住了。因为小刘没有化妆，人又疲惫不堪，脸色自然不好，当时还没有正式开市，餐厅的灯没有完全打开，在暗淡的灯光照射下，人显得异常没精打采，有种病态感。

分析提示

餐厅服务员要多注意自己的仪表情况，杜绝头发凌乱等情况，养成化淡妆及时补妆的习惯，这是对客人的尊重，同时也是自身修养的一种体现。

中、西餐服务员的仪表要求见表1—1。

表1—1　　中、西餐服务员的仪表要求

部位	男服务员	女服务员
发型	发不过领，发际不得盖住耳朵，不留大鬓角，发际线要清楚，梳理整齐	发不过肩，梳理整齐，不染彩色和梳怪异发型
面部	不留胡须，保持脸部整洁，口腔清洁	化淡妆，口腔保持清新
手	不留长指甲，保持手指清洁	不留长指甲，不涂彩色指甲油
鞋袜	穿深色袜和黑色皮鞋	穿黑色、平跟的布鞋或皮鞋，皮鞋要擦亮
工装	穿公司指定的工装，工牌佩戴整齐	穿公司指定的工装，干净整齐；穿裙子时，应穿长筒肉色丝袜；穿旗袍时，穿肉色连裤袜；工牌佩戴端正
饰物	除结婚戒指、手表外，不戴任何饰物	除结婚戒指、手表外，不戴任何饰物

一名合格的餐厅服务员上班前应从头到脚对自己的外表认真检查，不能忽视任何一方面，同事之间还可以互相检查，以达到最佳状态。

2. 让客人看到你的微笑

微笑是服务人员的重要习惯。微笑不仅会给客人带来喜悦，而且可以化解客人的不满。服务员不仅要向客人微笑，更重要的是要使微笑成为自己生活的一部分。作为一名餐厅服务员，工作的时候要保证对你面前3米以内的客人和同事微笑致意，并让电话中的客人也能听到你含笑的言辞。

小提示

如何让自己微笑

1. 可以拿一支不太粗的笔，用牙齿轻轻横咬住它，微笑时牙齿露出6颗到8颗，对着镜子记住这时面部和嘴部的形状，这个口形就是合适的“微笑”。当然，这还只是“初级”的微笑。

2. “高级”微笑，这种微笑应该是发自内心的，不只是嘴咧开，而是用纸挡住鼻子以下的面部时，还可以看到眼睛中含着笑。

3. 经常进行快乐的回忆，并努力将自己的工作维持在最愉快的状态。

4. 即使在最繁忙的时段，在工作一天后尽量保证充足的睡眠，服务人员也要尽量使自己放松，因为这样才能使微笑做起来轻松自在。

5. 长时间的工作，当感到非常疲劳时可以抽空去一趟洗手间，放松自己，保持微笑。

第二单元　餐厅服务的基本技能

模块一　端　　托

一、理盘

理盘是指清洁、整理盘子，根据所托物品选择合适的托盘。经常与汤汁、菜品、碗碟接触，较油腻的托盘，使用前必须洗净、擦干、消毒，铺上洁净的专用盘巾（胶木防滑托盘可不垫），以起到防油、防滑的作用。如图 2—1 所示。

二、装盘

装盘是指根据物品的形状、体积和使用先后合理安排物品的码放，以安全稳妥、便于运送和取用为原则。如图 2—2 所示。

图 2—1　理盘

图 2—2　装盘

装盘时，盘内物品要排放整齐，横竖成行。同装几种物品时，一般是重物、高物放在托盘的里档，轻物、低物放在外档；先上桌的物品在上、在前；后上桌的物品在下、在后。盘内物品的质量分布要得当，这样才能保证托盘平衡，便于运送和进行有序的使用。

三、托盘

1. 轻托

一般用左手，方法是，左手向上弯曲，小臂垂直于左胸前，肘部离腰部约 15 厘米，掌心向上，五指分开，以大拇指端到手掌的掌根部位和其余四指托住盘底，手掌自然形成凹形，掌心不与盘底接触，平托于胸前，略低于胸部。如图 2—3 所示。

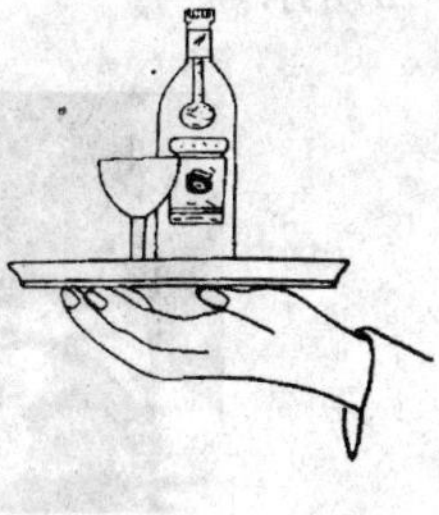

图 2—3　轻托

端托盘要严格按照操作规范的要求去做，即使是端轻的、小的托盘，也要郑重其事地对待。用大拇指按住盘边、以另外四指托盘底的做法，是对工作的轻率和对宾客不礼貌的举动，是不符合端托盘的操作规范的。

2．重托

重托的质量一般在 10 千克左右，用双手将盘子的边移至柜台外，用右手拿住托盘的一头，左手伸开五指托住盘底，掌握好重心后，用右手协助左手向上托起，同时左手向上弯曲臂肘，向右后方旋转 18 度，擎托于肩外上方，做到盘底不搁肩、盘前不靠嘴、盘后不靠发，右手或自然摆动，或扶住盘的前内角，并随时准备排阻他人的碰撞。如图 2—4 所示。

四、行走

行走时要头正肩平，上身挺直，目视前方，脚步轻快，动作敏捷，精力集中，步伐稳健；随着步伐，托盘在胸前自然摆动，以菜汁、酒水不外溢为限。

行走的步伐可归纳为以下五种：

（1）常步。步距均匀、快慢适当，为常用步伐。

（2）快步。急行步，步距小，步速较快，上身保持平稳。

（3）碎步。小快步，步距小，步速快，上身保持平稳。

（4）跑楼梯步。身体向前弯曲，重心前倾，步距较大，一步跨两级台阶，一步紧跟一步，上升速度要快而均匀，巧妙利用身体和托盘运动的惯性，既快又省力。

（5）垫步。需要侧身通过时，右脚侧一步左脚跟一步，一步紧跟一步。

五、落盘

一到达目的地，就把托盘小心地放到一个与已经选择好的平面相平处，千万不要在没有放好托盘之前就急于取出上面的东西，避免造成不必要的麻烦。

用轻托的方式给宾客斟酒时，要随时调节托盘重心，勿使托盘翻掉而将酒水泼洒在宾客身上。

随着托盘内物品的不断变化，重心也要不断变化，所以左手手指应不断移动，以掌握好托盘的重心。

从托盘上取物品时，要从两边交替取下。

卸下的盘碟要合理摆放，托盘内的剩余物品要集中在一起，而且要摆放整齐。如图 2—5所示。

图 2—4　重托

图 2—5　落盘

案例分析

服务员小王来到餐厅后，经过培训很快就成为餐厅的服务好手，人长得漂亮，身材又好，穿一双中跟皮鞋，更显婀娜多姿。可是有一次，在做宴会服务时，小王却在众目睽睽下一个踉跄将手中的托盘打翻，造成一次重大的服务差错。试分析其原因。

分析提示

问题在于其脚上的中跟鞋。中跟鞋虽能使体态增色，但也给服务员留下了隐患，餐厅服务员在岗时应着黑色布鞋或平跟鞋。

【技能实训　端托】

【实训目的】

通过教师对托盘端托服务知识和操作标准的讲解、学生对托盘端托操作技能的训练，使学生了解托盘的种类和用途，掌握托盘端托的操作程序与操作要领，达到端托平稳、运用自如的训练要求。

【实训方法】

教师先讲解、示范，然后由学生操作，教师再进行指导。按托盘端托操作要求和餐厅服务中可能出现的场景设计训练内容，学生反复强化训练，以达到熟练掌握该项操作技能的目的。

【实训器具】

圆托盘若干、长方托盘若干、装满水的啤酒瓶、矿泉水瓶、易拉罐、白酒瓶若干、计时秒表 2 只、垫布等。

【实训内容】

1. 轻托

2. 重托

【程序与操作标准】

1. 轻托（见表 2—1）

表 2—1　　　　　　　　　　**轻托程序与操作标准**

程序	操作标准与要求	动作要领
理盘	①根据所托物品选择合适的托盘 ②将托盘洗净、擦干 ③如果不是防滑托盘，则在盘内垫上洁净的垫布	垫布要用清水打湿拧干、铺平拉齐
装盘	①根据托送物品的体积、形状、使用的先后顺序合理装盘，以安全稳当和方便操作为宜 ②重物、高物放在托盘的内侧，轻物、低物放在外侧 ③先用、先上的物品在上、在前，后用、后上的物品在下、在后 ④总体上要求保持托盘内物品质量分布均衡，重心靠近身体	装盘时不要一次装太多的物品，宁可多跑几趟，也要保证安全
起托	①先将托盘一端拖至服务台外，保持托盘的边有 15 厘米搭在服务台上 ②左手掌心向上，五指分开，左手托住托盘底部，右手握住托盘边 ③如果托盘较重，则先屈膝，利用腿部直起的力量将托盘托起	①保持托盘平稳，动作应一步到位，干净利落 ②小臂与大臂垂直于左胸前，平托略低于胸前
端托行走	①行走时要头正肩平，收腹挺胸，上身挺直，目视前方，脚步轻快稳健，精力集中 ②随着步伐移动，托盘在胸前自然摆动，以菜汁、酒水不外溢为标准	分别使用常步、快步、碎步、垫步、跑楼梯步练习
端托服务	把握托盘重心与身体重心的平稳，头正、肩平、面带微笑，侧身为客人服务	①服务要侧身，盘悬于客位之外，身体重心在右脚，左脚可略微踮起，双脚呈“丁”字形 ②重心不稳或盘中物件减少时，要随时用右手进行调整
卸盘	将托盘平稳地放在工作台上，再安全取出物品	动作轻缓，保持托盘重心稳当，盘内物品不倾斜、不落地

2. 重托（见表 2—2）

表 2—2　　　　　　　　　　**重托程序与操作标准**

程序	操作标准与要求	动作要领
理盘	①根据所托物品选择合适的托盘 ②将托盘洗净、擦干 ③如果不是防滑托盘，则在盘内垫上洁净的垫布	垫布要用清水打湿拧干、铺平拉齐

续表

程序	操作标准与要求	动作要领
装盘	①根据托送物品的体积、形状、使用的先后顺序合理装盘，以安全稳当和方便操作为宜 ②重物、高物应放在托盘的中心位置	物品与物品之间应留有适当的距离，以免行走时发生碰撞而产生声响或造成托盘不稳
起托	①双手将托盘移至工作台的边沿处，使托盘的1/2悬空 ②右手将托盘扶平，左手伸入托盘底部，五指分开，掌心向上伸平，托住托盘底部的中心 ③掌握好重心 ④右手协助左手向上用力将托盘慢慢托起，在托起的同时转动托盘，使托盘在左旋转过程中送至左肩外上方，待左手指尖向后距肩2厘米处，左手托实、托稳后，再将右手撤回呈下垂姿势	①双脚分开呈外八字形，双膝屈膝下蹲呈骑马蹲裆式，腰部略向左前方弯曲，左手臂呈轻托起托状 ②手臂要始终保持均匀用力 ③盘底不搁肩，盘前不靠嘴，盘后不靠发
端托行走	①行走时要头正肩平，收腹挺胸，上身挺直，目视前方，要掌握好托盘重心，保持平稳 ②右手或自然摆动或扶住托盘的前内角，并随时准备防止他人碰撞	进行后转、遇障碍物练习
卸盘	①右手扶稳托盘，向右旋转托盘 ②将托盘平稳地放在工作台上，再安全取出物品	动作轻缓，保持托盘重心稳当，盘内物品不倾斜、不落地

【要点提示】

无论是轻托还是重托，操作时都应尽量做到平、稳、松。

1. 平：就是掌握好托盘的重心，做到盘平，双肩平，眼平视。

2. 稳：即装盘要合理稳妥，做到托盘平稳不晃动，行走步稳不摆动，转让灵活不碰撞，给人以身稳踏实的感觉。

3. 松：在托重物的情况下，面部表情要显得轻松自然，行走动作要有一定的节奏感，使整个托盘服务给人一种优雅轻松之感。

【考核指南】

1. 测试方法与要求

（1）按百分制计分，测试时要求女生托3瓶啤酒、男生托5瓶啤酒行走或服务。

（2）测试时1人托盘行走或4人/组托盘接力，走“S”形路线或跨越障碍进行考核。

（3）模拟端托服务客人进行考核。

（4）端托时，不打翻，不落地，否则为0分。

2．考核测试表（见表2—3和表2—4）

表2—3 **轻托考核测试表**

班级：　　　　　　　　　　姓名：　　　　　　　　　　考核时间：　　　年　　　月　　　日

序号	项目	应得分	扣分	实得分	考评师（签名）：
1	理盘	10			
2	装盘	10			
3	起托	10			
4	端托行走	30			
5	端托服务	30			
6	卸盘	10			
合计		100			

表2—4 **重托考核测试表**

班级：　　　　　　　　　　姓名：　　　　　　　　　　考核时间：　　　年　　　月　　　日

序号	项目	应得分	扣分	实得分	考评师（签名）：
1	理盘	10			
2	装盘	20			
3	起托	20			
4	端托行走	30			
5	卸盘	20			
合计		100			

模块二　斟　酒

一、示酒

示酒，也叫示瓶。为了显示对客人的尊敬，当客人点了比较名贵的酒水时，应先将酒展示给客人，具体方法是，服务员站在点酒客人的右侧，左手托瓶底，右手持瓶颈，酒瓶的商标朝向客人，让客人辨认商标、品种，直到客人点头认可。如图2—6所示。示瓶是斟酒服务的第一个程序，它标志着服务操作的开始。

二、开启

常见的酒瓶封口有瓶盖和瓶塞两种，相应的，开瓶也有开启瓶盖或瓶塞两种。

（1）开瓶器有两种类型：一种是专门开启瓶塞的酒钻；另一种是开启瓶盖的启盖扳

手。为宾客开瓶时，要根据实际情况选择使用。

（2）开瓶时动作要轻，尽量减少瓶体的晃动，一般将瓶放在桌上开启，动作要正确、敏捷、果断。

（3）开启瓶塞以后，用干净的布巾仔细擦拭瓶口，检查瓶中酒是否存在质量问题。检查时可以嗅闻瓶塞插入瓶内的那部分气味是否正常。

（4）开瓶后的封皮、木塞、盖子等杂物，不要直接放在桌子上，可以放在小碟子里。

图2—6　示酒

（5）香槟酒的瓶塞大部分压进了瓶口，上有一截帽形物体露出瓶外，并用铁丝绕扎固定。开瓶时，应在瓶上盖一块餐巾，双手在餐巾下操作。具体办法是：左手斜拿酒瓶，大拇指紧压塞顶，用右手扭断铁丝，然后握住塞子上的帽形物，轻轻转动往上拔，靠瓶内的压力和手拔的力量把瓶塞拔出来。操作时，应尽量避免瓶塞拔出时发出声音，并避免晃动，以防酒溢出。

三、斟酒

1. 斟酒的姿势与位置

斟酒一般分为徒手斟酒和托盘斟酒，其姿势与位置分述如下：

（1）徒手斟酒。这是目前酒店餐饮服务中使用较为普遍的一种方式。服务员斟酒时，左手持服务巾，背于身后，右手持酒瓶的下半部，商标朝外，正对宾客，右脚跨前踏在两椅之间。斟酒须在宾客右边进行。如图2—7所示。

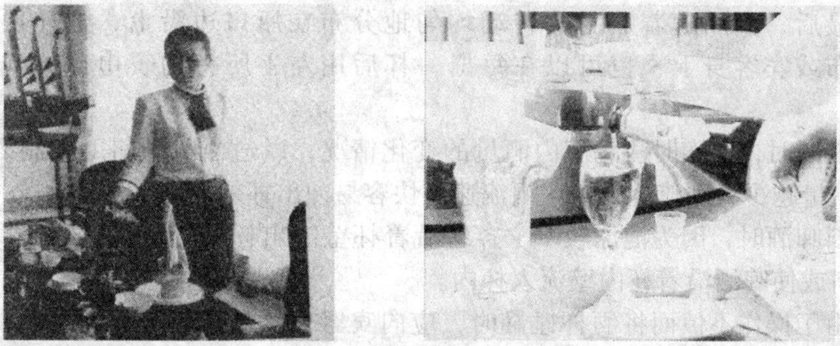

图2—7　徒手斟酒

（2）托盘斟酒。左手托盘，右手持酒瓶斟酒，注意托盘不可越过宾客的头顶，而应向后自然拉开，而且要掌握好托盘的重心。托盘斟酒时，服务员应站在宾客的右后侧，身体微向前倾，右脚伸入两椅之间，注意身体不要紧贴宾客。如图 2—8 所示。

2. 斟酒量的控制

（1）白酒斟八成。

图 2—8　托盘斟酒

（2）红葡萄酒斟五成，白葡萄酒斟七成，因为这个成数恰好达到酒液在杯中的最大横切面，使酒液与空气充分接触，从而使宾客能充分体会葡萄酒果香馥郁的魅力。

（3）斟香槟酒时，应将酒瓶用服务巾包好，先向杯中斟倒 1/3 的酒液，待泡沫退去后，再往杯中续斟至杯的 2/3 处为宜。

（4）啤酒等含泡沫的酒，斟倒时应分两次进行，以泡沫不溢为准。较为标准的啤酒杯上都印有酒液和泡沫的分界刻度，便于服务员掌握啤酒的斟倒量。

3. 斟酒的注意事项

（1）斟酒时，瓶口不可搭在酒杯口上，相距 2 厘米为宜，以防止将杯口碰破或将酒杯碰倒；但也不要将瓶拿得过高，以免酒水溅到杯外。

（2）服务员要将酒缓缓倒入杯中，斟至酒量适度时应停一下，并旋转瓶身、抬起瓶口，使最后一滴酒随着瓶身的转动均匀地分布在瓶口边沿上，这样便可避免酒水滴洒在台布或宾客身上，也可以在每斟一杯后用左手所持的餐巾擦掉残留在瓶口的酒液。

（3）斟酒时，要随时注意瓶内酒量的变化情况，以适当的倾斜度控制酒液流出的速度。瓶内酒量越少，则流速越快，酒流速过快容易冲出杯外。

（4）斟啤酒时，因为泡沫较多，容易沿着杯壁溢出杯外，所以斟酒速度要慢些，也可分两次斟或使啤酒沿着杯内壁流入杯内。

（5）由于操作不慎而将酒杯碰翻时，应向宾客表示歉意，并立即将酒杯扶起，检查有无破损；如有破损，要立即更换新的；如无破损，则要迅速用一块干净餐巾铺在酒迹上，然后将酒杯放回原处，重新斟酒。如果是宾客不慎将酒杯碰倒、碰破，服务员也要这样做。

（6）要随时观察每位宾客酒水的饮用情况。当宾客杯中酒水少于 1/3 时，就应该征询客人意见，及时斟酒。

（7）凡需使用冰桶的酒从冰桶中取出后，应以一块服务巾包住瓶身，以免瓶外水滴弄脏了台布或宾客衣物；使用酒篮的红葡萄酒的瓶颈下应垫一块布巾或餐巾纸。

（8）在宴会上，主宾讲话（祝酒词、答谢词等）前，服务员要将酒水斟齐。主宾讲话时，服务员要停止一切操作，站在适当的位置（一般站在工作台两侧）。因此，每位服务员都应事先了解主宾的讲话时间，以便在讲话开始时能将服务操作停下来。讲话结束时，负责主桌的服务员要将主宾的酒水送上供祝酒之用。有时，主宾要走下台向各桌宾客敬酒，这时服务员要托着酒瓶跟在主宾身后，随时准备为其添酒。

案例分析

我国领导人为了会见韩国领导人曾举行一次规模宏大的宴请。宴席开餐前5分钟，服务员按要求先将客人的白酒、红酒斟入杯中。客人入座后，开始频频举杯相互祝贺，服务员及时为客人斟倒酒水，一切都非常顺利。用餐即将结束时，我国领导人举杯开始讲话，而此时服务员正在为客人收拾餐台上的餐渣和用后的盘碟，忙得不亦乐乎。试分析服务员的服务有问题吗？如果有，问题出现在哪里？

分析提示

服务员为客人斟酒要掌握恰当的时机。当宾客讲话时要停止一切活动，端正地静立在僻静的位置。等讲话结束后，再进行服务操作，否则会被认为影响客人，不尊重讲话的客人。

【技能实训　斟酒】

【实训目的】

通过教师对斟酒知识和操作标准的讲解、学生对该项操作技能的实践训练，使学生了解斟酒的概念、内容、注意事项等，掌握该项技能的操作程序与操作要领，达到操作规范、技能熟练的训练要求。

【实训方法】

首先由任课教师进行斟酒理论与实践操作的讲解和演示，然后由学生动手操作训练。在学生进行操作训练的过程中，教师给予指导，以使学生达到熟练掌握该项操作技能的目的。

【实训器具】

托盘、各类酒水、水杯、不同类型的开瓶器、毛巾、冰酒桶、冰块、工作台等。

【实训内容】

1. 酒水开瓶

2．斟倒啤酒

3．斟倒红葡萄酒

4．斟倒白葡萄酒

5．斟倒香槟酒

【程序与操作标准】

1．酒水开瓶（见表2—5）

表2—5　酒水开瓶程序与操作标准

程序	操作标准
开瓶	①开瓶时，要尽量减少瓶体的晃动。将瓶放在桌上开启，先用酒刀将瓶口凸出部分的钻封割除，再用餐巾将瓶口擦净，然后将酒钻慢慢钻入瓶塞，动作要准确、敏捷、果断。开启软木塞时，如软木塞有断裂迹象，可将酒瓶倒置，利用内部酒液的压力顶住木塞，然后再旋转酒钻 ②开拔瓶塞越轻越好，防止发出突爆声
检查	拔出瓶塞后需检查瓶中酒是否有质量问题，主要方法是嗅辨瓶塞插入瓶内的那部分
擦瓶口、瓶身	开启瓶塞后，用干净的餐巾仔细擦拭瓶口，香槟酒要擦干瓶身。擦拭时，注意不要让瓶口积垢落入酒中
摆放	①开启的酒瓶、酒罐可以留在宾客的餐桌上 ②使用暖桶的加温酒水和使用冰桶的冰镇酒水要放在桶架上，摆在餐桌的一侧 ③用酒篮盛放的酒连同篮子一起放在餐桌上 ④随时将空瓶、空罐从餐桌上撤下

2．斟倒啤酒（见表2—6）

表2—6　斟倒啤酒程序与操作标准

程序	操作标准
开瓶	①斟酒服务应根据季节控制好啤酒的酒温 ②斟酒前应保持酒瓶静止直立状最少2分钟 ③酒瓶应在客人面前开启
站位	侧身站立于客人的右侧，与客人保持30厘米的距离
斟酒	右手握啤酒瓶的下半部，酒标向外以供客人辨认，手臂伸直，斟倒果断，瓶口距杯口保持2厘米距离，使酒液沿酒杯内壁缓缓流入杯中
旋口	①当杯中啤酒接近七成满时，放慢斟倒速度 ②当啤酒泡沫齐杯口时停止斟倒，顺时针旋转，防止酒液滴落

3. 斟倒红葡萄酒（见表2—7）

表2—7　　斟倒红葡萄酒程序与操作标准

程序	操作标准
滗酒	①陈年红葡萄酒需要经过滗酒以后方可呈送至餐台，以防止酒瓶中沉淀物质直接斟入酒杯，影响红葡萄酒的品质 ②滗酒即将立起存放两个小时后的红葡萄酒开启，并轻缓稳妥地借助背景烛光，将瓶中酒液倒入另一个玻璃瓶中，经过滗酒程序的陈年红葡萄酒佳酿方可送至客人餐台 ③一般红葡萄酒虽无需经过滗酒程序，但在整个侍酒过程中应注意尽量减少酒液的晃动
示酒	①红葡萄酒的示酒过程从客人对所点酒品的酒标确认开始 ②服务员以左手托扶酒瓶底部，右手扶握酒瓶颈部，酒标正对点酒的客人，让酒标保持在客人视线平行处
陈放	待客人确认酒品后，服务员方可将酒瓶装入酒篮中，使酒瓶保持30度的斜角状卧放其中
开瓶塞	①用酒刀划开红葡萄酒瓶口处的封纸，酒钻对准瓶塞的中心处用力钻入，注意红葡萄酒瓶应始终保持30度角斜卧于酒篮的状态，切不可将酒瓶直立 ②酒钻深入至瓶塞2/3处时停止 ③以酒刀的支架顶架于红葡萄酒瓶口，左手扶稳支架，右手向上提酒钻把手，利用杠杆原理将酒瓶塞起出
验木塞	①酒瓶塞拔出后，放在一个垫有花纸的小盘中，送给客人检验 ②服务员要用口布将瓶口残留杂物认真擦除
斟酒	①右手捏握酒篮，左手自然弯曲在身前，左臂搭挂服务巾一块，站在点酒客人的右侧，首先为客人斟倒约1盎司红葡萄酒供其品尝 ②待客人确认以后，服务员方可按女士优先的原则，站在距离客人30厘米处按顺时针方向服务 ③斟倒红葡萄酒时，手握好酒篮，手臂伸直，微倾酒篮使红葡萄酒缓缓流入杯中，切忌动作过于剧烈 ④斟倒量：红葡萄酒的标准斟倒量应该是酒杯容量的2/3
旋瓶口	每斟倒一次，结束时应轻转手腕，使瓶口酒液挂于瓶口边缘
擦瓶口	在左臂搭挂的服务巾上轻轻擦去瓶口残留酒液，以防下次斟酒时，瓶口残留酒液滴洒在餐台或客人的衣服上

4. 斟倒白葡萄酒（见表2—8）

表2—8　　斟倒白葡萄酒程序与操作标准

程序	操作标准
示酒	①开启酒瓶前需向客人展示酒标，以便客人确认白葡萄酒品牌。服务员站在客人右侧，以左手托住瓶底，右手握扶瓶颈，酒标朝向客人 ②待客人确认后方可将白葡萄酒瓶插放在冰酒桶中，桶口以口布覆盖

续表

程序	操作标准
开瓶塞	①开启白葡萄酒时，服务员站在冰酒桶的后方，右手持酒刀，轻轻划开瓶口封纸。将酒钻对准瓶塞中心点垂直钻入，钻至瓶塞2/3处时停止 ②将酒钻的支架顶住白葡萄酒瓶口，左手扶稳酒瓶，右手缓缓提起酒钻把手，使瓶塞逐渐脱离瓶口，拔塞时应避免发出声响
净瓶口	从酒钻上退出白葡萄酒瓶的木塞，并以干净的口布仔细清理瓶口的碎屑
斟酒	①用折叠成长条状的口布将白葡萄酒瓶下部包好，露出酒标。为点酒的客人斟倒约1盎司白葡萄酒供其品尝 ②待客人确认后服务员方可按女士优先、主宾优先的原则，依顺时针顺序为客人斟酒
站位	①斟酒时，服务员侧身站在客人右侧约30厘米处，左手背后，酒瓶口与杯口保持约5厘米的距离，令白葡萄酒缓缓流入杯中 ②白葡萄酒每杯斟倒量应以1/2为宜，酒量满则不利于客人细细品酒
旋瓶口	每斟一杯白葡萄酒，在结束斟倒时，手腕应轻轻向内侧旋转25度，并随之将瓶口抬起，使瓶口残留酒液沿瓶口而流，以防将酒滴洒在餐台或客人衣服上
冰镇	服务员结束斟酒服务后，应将白葡萄酒瓶重新放回冰酒桶中，以口布覆盖冰酒桶，将冰酒桶移放到点酒客人右侧约30厘米处

5. 斟倒香槟酒（见表2—9）

表2—9　斟倒香槟酒程序与操作标准

程序	操作标准
示酒	向客人展示香槟酒时，服务员右手五指向下，以掌心托扶瓶颈，左手托住瓶底，送至与客人视线平行处
冰镇	待客人确认酒品后，将香槟酒置于冰酒桶中，桶内盛放1/4的冰块和1/2的水，桶口用口布覆盖
剥封纸	开启香槟酒时，瓶口应该朝向无客人的方向，剥开瓶口封纸，以左手握住瓶，左手拇指轻压瓶塞
去保险丝	右手捏住瓶口保险丝拧环处，轻轻向逆时针方向拧松保险丝
拔瓶塞	①左手拇指时刻放于瓶塞上方，轻轻施以压力 ②完全去掉保险丝后，以右手拇指轻抵瓶塞下方。待香槟酒瓶塞向上移动时，左手握住瓶塞，防止瓶塞喷射出去 ③在客人面前开启香槟酒时，应该尽量防止瓶塞离瓶时发出的响声
持瓶	香槟酒开启后，服务员应迅速以右手拇指扣捏瓶底凹陷部位，其他四指托住瓶身，左手持口布轻扶瓶颈，将酒分两次斟倒于事先备好的酒杯中
斟酒	第一次将酒斟至杯中1/2处，待杯中泡沫平缓后，再续斟至杯中2/3处
再冰镇	①客人用餐时，将香槟酒放入冰酒桶中，以口布覆盖桶口，视用餐情况可将冰酒放在餐台上点酒客人的右手处 ②也可将冰酒桶放在客人右侧的酒桶架上 ③无论放在何处都应以不妨碍客人用餐，方便客人拿取酒瓶为基本原则

【要点提示】

1．斟酒时，要随时注意瓶内酒量的变化，以适当的倾斜角度控制酒液的流速，学会巧用腕力。瓶内酒量越少，酒液的流速越快，容易溅到杯外。

2．斟酒时，不要站在客人左侧，不准站在一个位置为左右两位客人斟酒，不准隔位斟、反手斟。

3．如果由于操作不慎，将酒杯碰翻，应向客人表示歉意，并立即将酒杯扶起，检查有无破损，同时用干净的餐巾将酒液吸干，重新斟酒。

4．瓶内酒水不足一杯时，不宜为客人斟酒，瓶底朝天有失礼貌。切忌一杯酒用两只酒瓶同斟，这样做会使客人误认为自己是多余的。

5．斟啤酒时，因为泡沫较丰富，极易沿杯壁冲到杯外，所以斟酒的速度要慢些，可以沿酒杯的前壁流入杯内，也可分两次斟倒。

6．开启瓶盖或易拉罐时，不要冲着客人，避免气体喷溅到客人。

7．酒液、汽水混合在一只杯中时，应先斟汽水后斟酒液，以防汽水对酒液的冲击。

8．零点客人的酒水在斟第一杯后应全部放回客人餐桌上，若有空瓶、罐，应及时撤走。

9．斟酒时注意尽量不要打扰客人交谈，影响客人。

【考试测评】

1．测试方法与要求

（1）按百分制记分。

（2）以中餐每台 8 人宴会和西餐每台 6 人宴会斟酒服务的标准综合测试。

（3）考察斟倒啤酒、红葡萄酒、白葡萄酒、香槟酒的整个过程后进行评分。

（4）8 人为 1 组，6 人为客人，2 人为服务员，角色转换进行测试。

2．考核测试表（见表 2—10 至表 2—13）

表 2—10　　斟倒啤酒测试表

班级：　　　　姓名：　　　　考核时间：　　年　　月　　日

序号	项目	应得分	扣分	实得分	考评师（签名）
1	开瓶	20			
2	站位	20			
3	斟酒	20			
4	旋口	20			
5	整体效果	20			
合计		100			

表 2—11　　斟倒红葡萄酒测试表

班级：　　姓名：　　考核时间：　　年　　月　　日

序号	项目	应得分	扣分	实得分	考评师（签名）
1	滗酒	10			
2	示酒	10			
3	陈放	10			
4	开瓶塞	10			
5	验木塞	10			
6	斟酒	20			
7	旋瓶口	10			
8	擦瓶口	10			
9	整体效果	10			
合计		100			

表 2—12　　斟倒白葡萄酒测试表

班级：　　姓名：　　考核时间：　　年　　月　　日

序号	项目	应得分	扣分	实得分	考评师（签名）
1	示酒	10			
2	开瓶塞	10			
3	净瓶口	10			
4	斟酒	20			
5	站位	10			
6	旋瓶口	20			
7	冰镇	10			
8	整体效果	10			
合计		100			

表 2—13　　斟倒香槟酒测试表

班级：　　姓名：　　考核时间：　　年　　月　　日

序号	项 目	应得分	扣分	实得分	考评师（签名）
1	示酒	10			
2	冰镇	10			
3	剥封纸	10			
4	去保险丝	10			
5	拔瓶塞	10			
6	持瓶	20			
7	斟酒	10			
8	再冰镇	10			
9	整体效果	10			
合计		100			

模块三　餐 巾 折 叠

餐巾是供客人在进餐过程中使用的卫生用品。餐巾放在客人膝上或衣襟上，可用来擦嘴并防止汤汁、酒水弄脏衣服，起保洁的作用。现在广泛用于餐厅服务，必将使之与丰美的菜肴相映生辉，锦上添花，增添顾客对生活的美好感受。如图 2—9 所示。

一、餐巾折叠的基本技法

餐巾折叠的基本技法有叠、折、卷、穿、翻、拉、捏、掰、攥 9 种。餐厅服务员应反复练习，以达到技艺娴熟、运用自如的目的。

1. 叠

叠有折叠、分叠两种，这是服务员必须学会的最基本的餐巾折花手法，几乎所有的造型都要使用。也就是要将餐巾一折为二，二折为四，或折成三角形、长方形、菱形、梯形、锯齿形等形状。叠的基本要领是熟悉造型，找好角度一次叠成，做到均匀美观，高低齐整，避免反复，否则餐巾上就会留下折痕，影响挺括。如图 2—10 所示。

图 2—9　餐巾折花

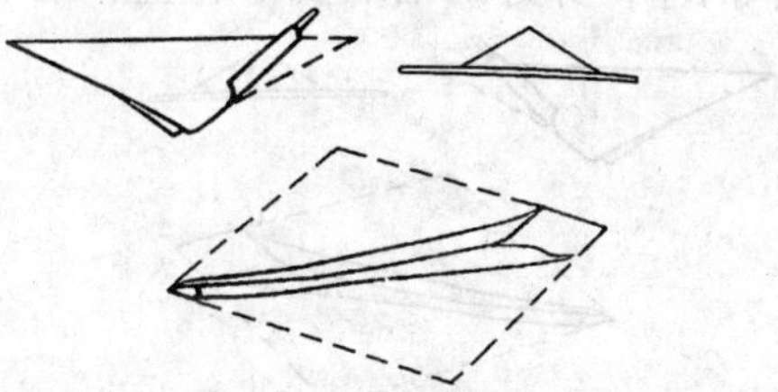

图 2—10　叠

2. 折

折是打褶运用的一种手法，就是将餐巾叠面折成褶皱的形状，使花形层次丰富、紧凑、美观。打褶时，用双手的拇指和食指分别捏住餐巾两头的第一个褶裥，两个大拇指相对成一线，指面向外；再用两手中指接住餐巾，并控制好下一个褶皱的距离。拇指、食指的指面捏紧餐巾向前推折至中指外，用食指将推近的褶皱挡住，中指腾出去控制下一个褶皱的距离。三个手指如此互相配合，做到均匀整齐、距离相等。如图 2—11 所示。

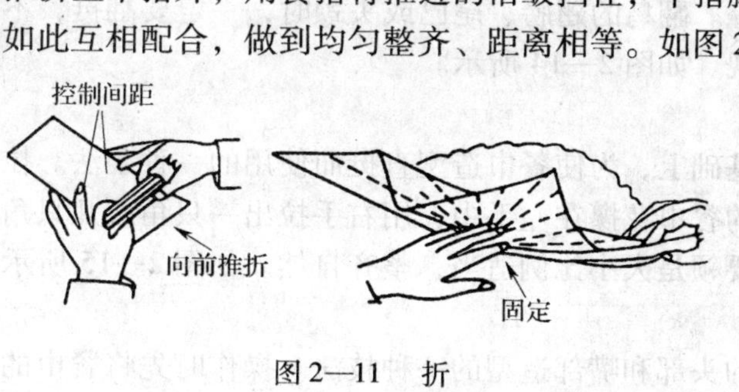

图 2—11　折

折可分为直线折和斜线折两种方法。两头一样大小的用直线折，一头大一头小或折半圆形或圆弧形的用斜线折。折的要领是折出的褶皱均匀整齐。

3. 卷

卷是用大拇指、食指、中指三个手指相互配合，将餐巾卷成圆筒状并制出各种造型的一种手法。卷分直卷和螺旋卷。直卷有单头卷、双头卷、平头卷，要求餐巾卷得平直，两头大小一致。螺旋卷分两种，一种是先将餐巾叠成三角形，餐巾边参差不齐；另一种是将餐巾一头固定，卷另一头，或一头多卷，另一头少卷，使卷筒一头大、一头小。不管是直卷还是螺旋卷，餐巾都要卷得紧凑、挺括，否则会因松软无力、弯曲变形而影响造型。卷的要领是卷紧、卷挺。如图2—12所示。

4. 穿

穿是指用工具从餐巾的夹层折缝中边穿边收，形成皱褶，使造型更加逼真美观的一种手法。穿的时候，餐厅服务员首先要将餐巾折好后攥在左手掌心内，用筷子一头穿进餐巾的褶缝里，然后用右手的大拇指和食指将筷子上的餐巾一点一点向后拨，直至把筷子穿出餐巾为止。穿好后先把餐巾花插入杯子内，然后再把筷子抽掉，否则容易松散。穿的手法主要用于穿花心、穿鸟背。根据需要，一般只穿1~2根筷子。穿的要领是，穿用的工具要光滑、洁净，穿好的褶皱要平、直、细小、均匀。如图2—13所示。

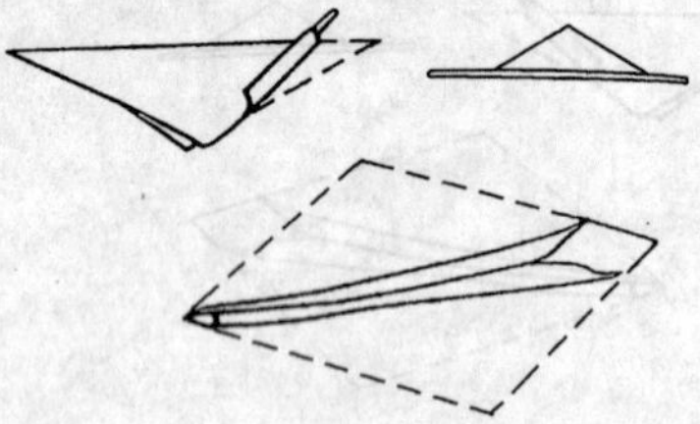

图2—12　卷

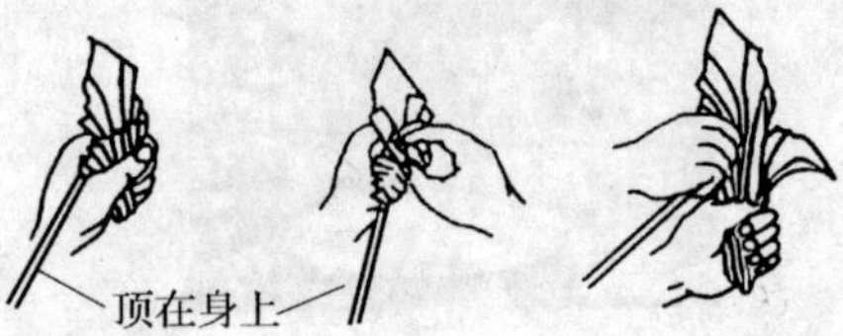

图2—13　穿

5. 翻

翻是在折制过程中，将餐巾折、卷后的部位翻成所需造型的一种手法。

一般情况下，翻的手法都用于折花鸟的造型。操作时，一手拿餐巾，另一手将下垂的餐巾翻起一只角，翻成花卉或鸟的头颈、翅膀、尾等形状。翻花叶时，要注意叶子对称、大小一致、距离相等。翻鸟的翅膀、尾巴或头颈时，一定要翻挺，不要软折。翻的要领是大小适宜，自然美观。如图2—14所示。

6. 拉

拉是指在翻的基础上，为使餐巾造型直挺而使用的一种手法。拉一般在餐巾花半成形时进行，把半成形的餐巾花攥在左手中，用右手拉出一只角或几只角来。拉主要用于拉花叶，拉鸟尾。拉的要领是大小比例适当，整齐自然。如图2—15所示。

7. 捏

捏是用于折鸟的头部和嘴部造型的一种技法。操作时先将餐巾的一角拉挺做颈部，然后用一只手的大拇指、食指、中指三个指头捏住鸟颈的顶端，食指向下，将巾角尖端向里压下，用中指与拇指将压下的巾角捏出尖嘴状，作为鸟头。捏的要领是棱角分明，头顶角、嘴尖角到位。如图 2—16 所示。

8．掰

掰是将餐巾做好的褶用左手一层一层掰出层次的一种手法。掰一般用于制作花束。掰时不要用力过大，以免松散。掰的要领是层次分明，间距均匀。如图 2—17 所示。

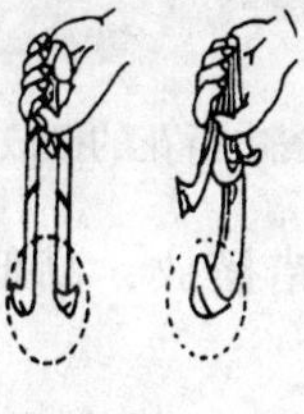

图 2—14　翻

图 2—15　拉

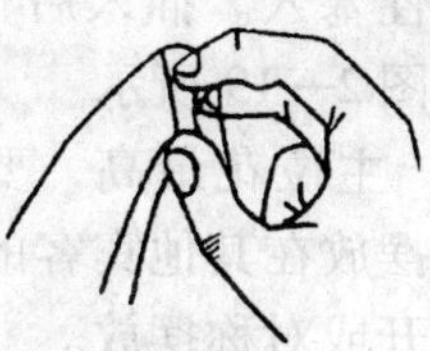

图 2—16　捏

图 2—17　掰

9．攥

攥是为使叠好的餐巾花形不致走样或脱落而使用的手法。一般是用左手攥住餐巾的中部或下部，再用右手操作其他部位。攥的要领是攥在手中的餐巾不能松散。如图 2—18 所示。

图 2—18　攥

二、餐巾折叠注意事项

1．注意事项

（1）选择好餐巾，餐巾要干净、熨烫平整、无破损，并根据餐厅的具体情况选定餐巾；既能点缀台面，方便来宾观赏使用，又不能遮住餐具和台上用品，且要方便服务员值台操作。

（2）在折花操作前，要洗净双手（不准留长指甲）；操作中不能用嘴咬餐巾，也不要多说话，以防唾沫弄脏餐巾。

（3）折花操作时要在干净的工作台或托盘上操作，并准备好辅助工具（筷子）。

（4）折花时，要姿势正确，手法灵活，用力得当；角度要算准，折褶要均匀，力争一次折成；正确使用叠、折（推）、卷、穿、翻、拉、捏七种方法。

（5）折花要简单美观，拆用方便，造型生动，形象逼真。

2．餐巾折花的选择

（1）餐巾折花要根据宴会的性质，宴会的规格，宾主的身份、爱好、宗教信仰、风俗习惯，冷盘的花色造型，季节及工作时间是否充裕等来选择确定所叠花形。

（2）一般大型宴会可选用简单、挺括、美观的花形，但主桌的花形与其他桌的花形要区分开，如主桌的折花可用十种不同的花形，其他桌可用统一的花形（但要突出“主花”）。

（3）宴会主人位上的主位花，要选择美观而醒目的花形，以突出宴会的主位。

（4）小型宴会的餐巾折花（杯花），要运用七种不同的手法，折叠出三种造型（动物类、植物类、实物造型类）、十种花，如折盘花，可选择统一的花形，但主位的花要有所区分。

图 2—19　餐巾折花的摆放

三、餐巾折花的摆放

1. 恰当掌握插入杯中餐巾花的深度，通常插入杯中 1/3 的位置。插杯时，保持花形完整不散形，杯内的餐巾也应线条清楚、整齐。插时要慢慢顺势插入，不能乱插乱塞或硬性塞入。插入后整理成形，摆正摆稳，使之挺立。如图 2—19 所示。

2. 摆放餐巾花时，主位花最高，要摆到主人的位置上。一般餐巾花则摆放在其他宾客的席位上，动、植物类花形交错摆放，高低均匀。相似的花形也应注意错开或对称摆放。

3. 餐巾花插入杯中后，都有一个最佳观赏面，应注意朝向客人摆放。适合正面观赏的餐巾花，如孔雀开屏、白鹤、和平鸽等，要将头部朝向客人。适合侧面观赏的餐巾花，如金鱼、三尾鸟等，要将头部朝向右侧，选择一个最佳观赏的角度摆放。

4. 各种餐巾花之间的距离要均匀一致，注意不要遮挡台面餐具和影响服务操作。

四、餐巾折花实例

1. *动物造型*

（1）蝴蝶。如图 2—20 所示。

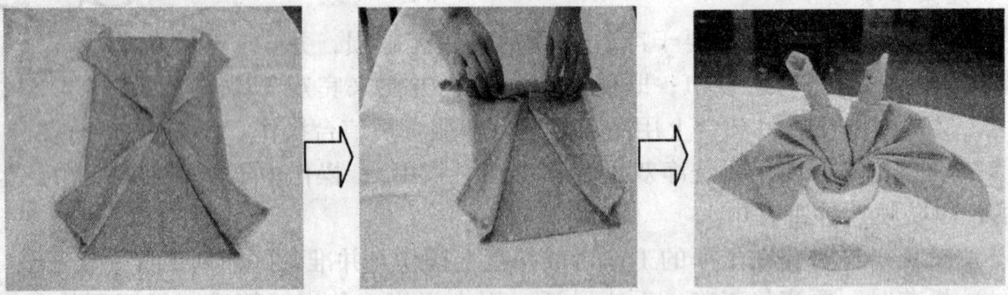
图 2—20　蝴蝶

（2）白鹤。如图 2—21 所示。

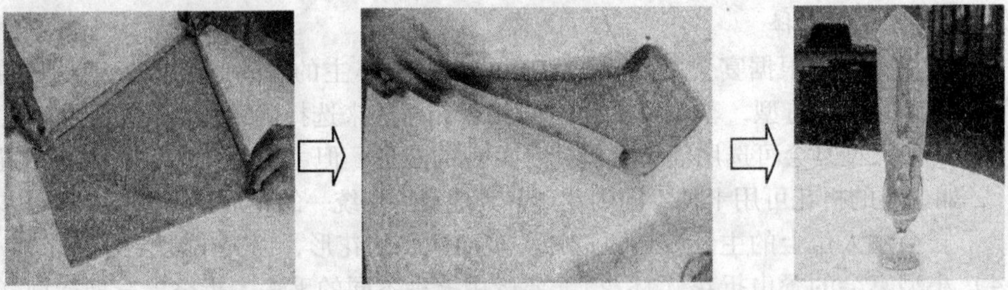
图 2—21　白鹤

2. 植物造型

（1）一片叶。如图 2—22 所示。

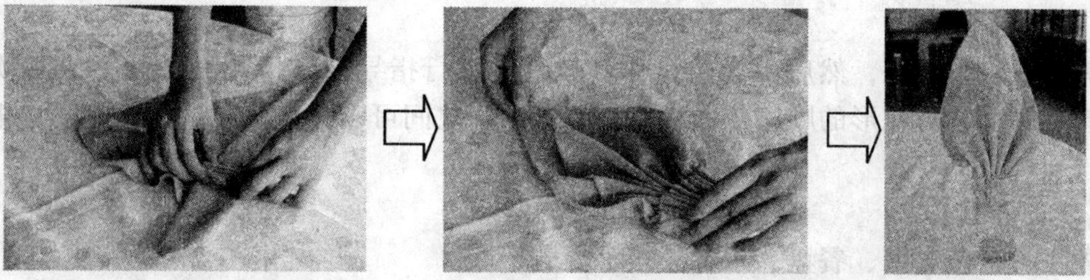

图 2—22　一片叶

（2）单荷花。如图 2—23 所示。

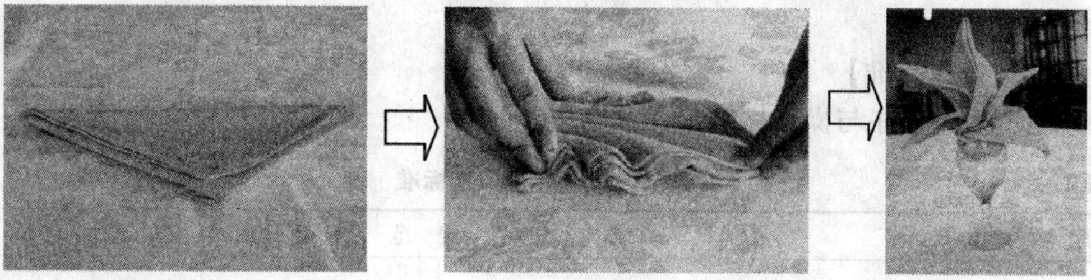

图 2—23　单荷花

案例分析

一天大连某饭店宴会部的小宋接待了一位日本客人小泉先生。小泉先生在详细了解饭店服务情况后，预订了两天后 40 人的高档规格宴会，并提出了宴会要求，交付了订金。两天后宴会部按小泉先生的要求做好了一切准备工作，并根据时令季节选用了荷花造型的餐巾花。当引位员将其中的几位日本客人引领到餐桌时，客人十分不悦。试分析其原因。

分析提示

宴席中选用荷花作为餐巾折花造型，显然是忽视了日本人的风俗习惯，冒犯了客人的禁忌。服务员应注意细致周到的服务和专业知识的学习，酒店也要加强对服务人员的培训工作。

【技能实训　餐巾折叠】

【实训目的】

通过对餐巾折叠基本理论知识的讲解和操作技能的训练，使学生了解餐巾折叠的种类、花形的选择与摆放要求，掌握餐巾折花的基本手法与要领，达到规范操作、熟练折叠的训练目的。

【实训方法】

教师先讲解示范，然后由学生操作，教师再进行指导。按折花的各种手法要领及植物、动物、实物类花形的顺序依次进行训练。同学之间可以分组比质量、比速度，相互点评。

【实训器具】

餐桌、各色餐巾、餐盘、水杯、筷子等若干。

【实训内容】

1. 杯花 10 种

2. 盘花 10 种

【程序与操作标准】

1. 餐巾折叠程序与操作标准（见表 2—14）

表 2—14　　餐巾折叠程序与操作标准

程序	操作规范
折花准备	①操作前要洗手消毒 ②准备好已消毒的托盘、水杯、餐巾、筷子 ③在干净的台面上操作 ④检查餐巾的正反面是否符合要求 ⑤了解客人对花式的禁忌和喜好
基本要求	①简化折叠方法，要求一次成形 ②餐巾折花设计要求美观和谐，符合宴会类型和特色 ③准确使用餐巾折花的折叠方法、技法

2. 餐巾折叠图谱实例

（1）和平鸽。见表 2—15。

表 2—15　　和平鸽餐巾折叠步骤与图解

操作步骤	图解	
①餐巾反面向上放置 ②对折成长方形，然后将一巾角单层翻折		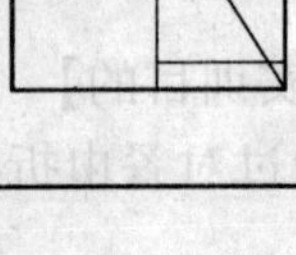

续表

操作步骤	图解	
③对折成正方形 ④两边推至完		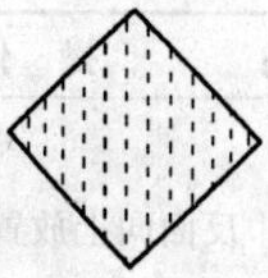
⑤把夹层中巾角向后拉出，平层向前拉下 ⑥拉上一巾角捏头		
⑦在两侧拉两巾角做翅膀 ⑧整理插杯		

（2）松鹤延年。见表2—16。

表2—16　　　　松鹤延年餐巾折叠步骤与图解

操作步骤	图解	
①餐巾反面向上放置 ②左手按住一巾角，右手将一侧巾角卷至对角线		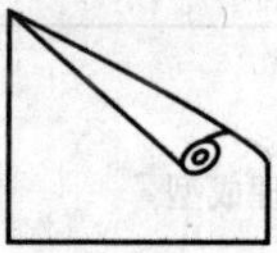
③将另一侧巾角卷至对角线 ④按2∶3的比例对折	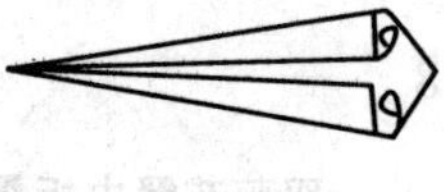	
⑤在离上端8厘米左右处，将两头再对折 ⑥捏鸟头		
⑦将尾部巾角向上翻 ⑧整理插杯		

（3）彩蝶纷飞。见表2—17。

表2—17　　彩蝶纷飞餐巾折叠步骤与图解

操作步骤	图解	
①餐巾反面向上放置 ②向下对折成长方形	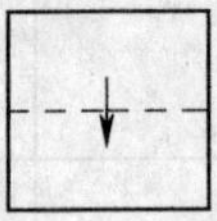	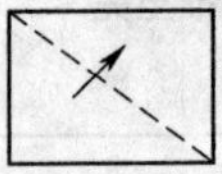
③斜折上面的巾角超过中缝线 ④斜折上面的另一巾角超过中缝线，但要小于前一巾角	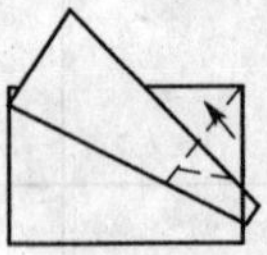	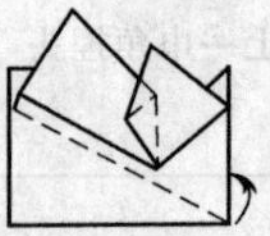
⑤翻一面，按上述方法同样折上两巾角 ⑥以推的方法完成右图形状		
⑦用一根筷子从夹层中穿出 ⑧插入杯中并把筷子抽出		
⑨整理成型		

（4）双蕊花。见表2—18。

表2—18　　双蕊花餐巾折叠步骤与图解

操作步骤	图解	
①将底边向上对折成长方形 ②将上层巾角折向中点	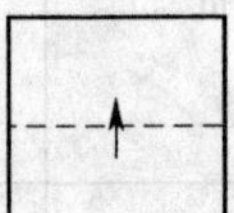	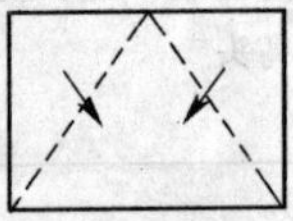
③下层巾角向背面折 ④从左向右折	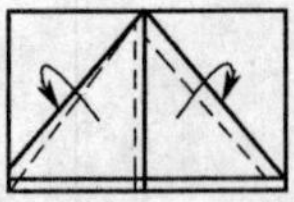	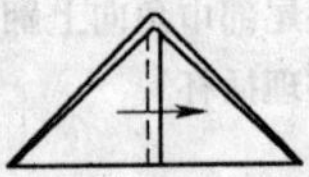

续表

操作步骤	图解	
⑤呈三角形 ⑥从中间向两边折 7 折	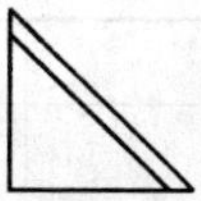	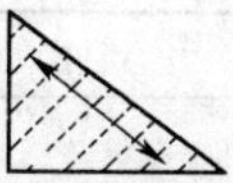
⑦向两边分开巾角 ⑧夹层外翻	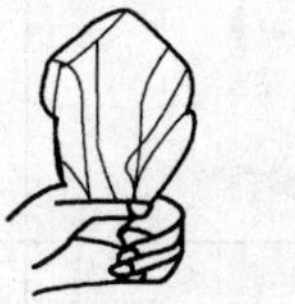	
⑨放入杯中，整理成形		

（5）孔雀开屏。见表 2—19。

表 2—19　　孔雀开屏餐巾折叠步骤与图解

操作步骤	图解	
①餐巾正面向上呈菱形放置 ②提起左右对角折到巾角留 1/3	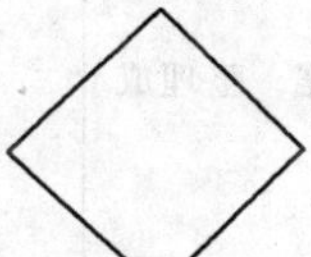	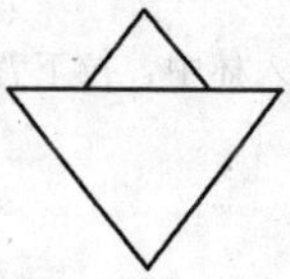
③提起餐巾 1/2 边到距对角线 2 厘米处 ④巾角对折到超过对角线 2 厘米处，然后两边推至完	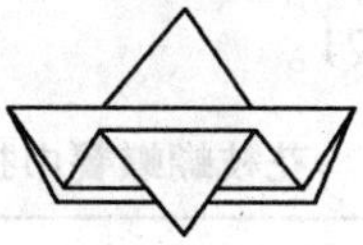	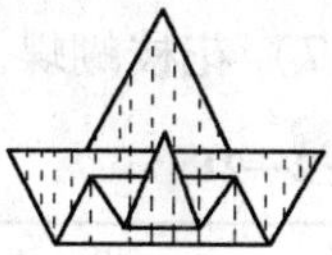
⑤两根筷子穿到两层夹层 ⑥巾角捏头	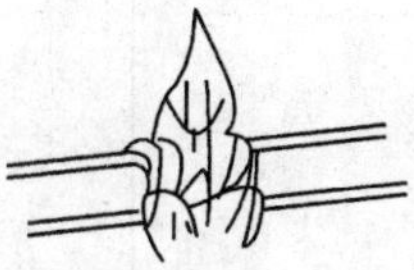	
⑦插杯后抽出筷子，整理成形		

（6）大鹏展翅。见表 2—20。

表 2—20　　大鹏展翅餐巾折叠步骤与图解

操　作　步　骤	图　解	
①将底角向上对折 ②将底边两角从内侧向顶角折拢	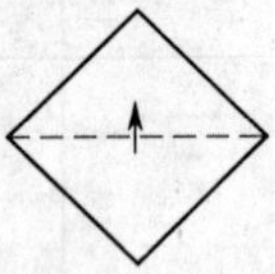	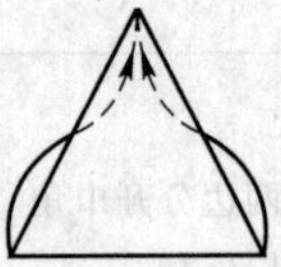
③将正面、反面外层巾角分别向下对折 ④再将从正面折下的巾角向上折 2/3 左右	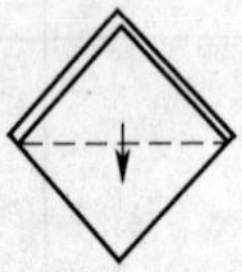	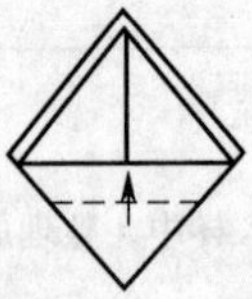
⑤翻到背面，从中间向两边均匀捏褶 ⑥将底部外层巾角向上拉做头，用剩下的底部巾角包住底部	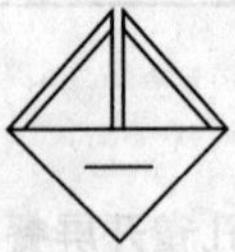	
⑦放入杯中，拉下背面的小巾角做尾，整理成形		

（7）花枝蝴蝶。见表 2—21。

表 2—21　　花枝蝴蝶餐巾折叠步骤与图解

操　作　步　骤	图　解	
①餐巾正面向上放置 ②沿虚线将餐巾两边折至中线	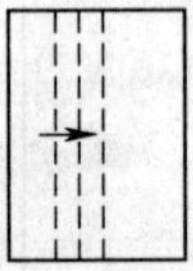	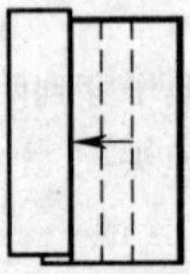
③四角向外翻折 ④将底边卷至中线，再推折至完		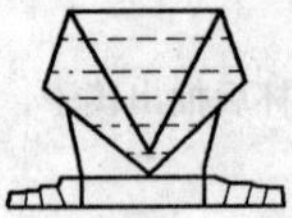

续表

操 作 步 骤	图 解	
⑤以中心点对折 ⑥插入杯中，稍加整形	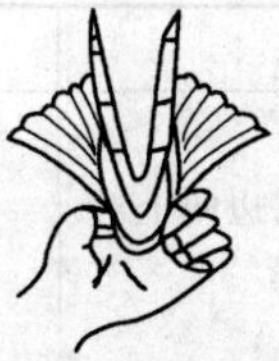	

（8）长尾欢鸟。见表2—22。

表2—22　　长尾欢鸟餐巾折叠步骤与图解

操 作 步 骤	图 解	
①将餐巾反面向上呈菱形放置 ②将餐巾下角向上对折	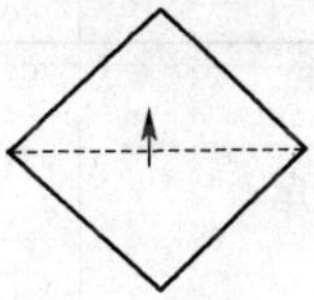	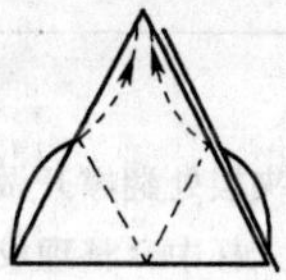
③再将底边两角沿虚线对折 ④分别将表层、背层巾角向下对折	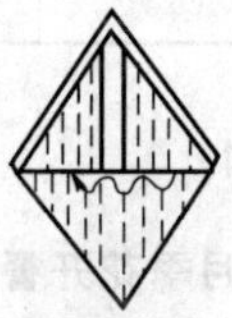	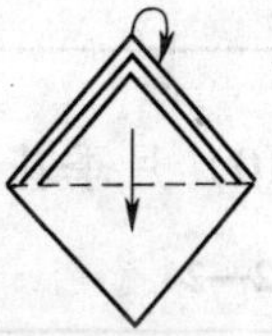
⑤按箭头方向均匀打褶 ⑥下端两巾角翻上做翅膀	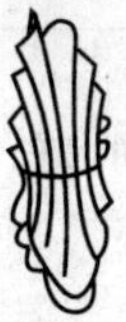	
⑦将两翅膀分开，一尖角做鸟头，另一尖角做鸟尾 ⑧将底部折起插入杯中		
⑨整理鸟形		

(9) 四尾金鱼。见表2—23。

表2—23　　　　四尾金鱼餐巾折叠步骤与图解

操作步骤	图解	
①将餐巾反面向上呈正方形放置，底边向上对折成长方形 ②沿虚线再对折成正方形	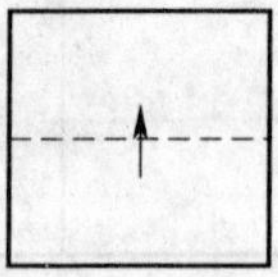	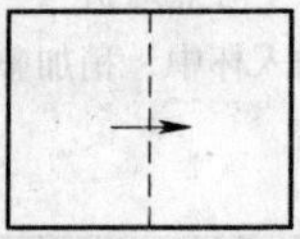
③沿对角线均匀打7个褶裥 ④按2∶3比例对折拢	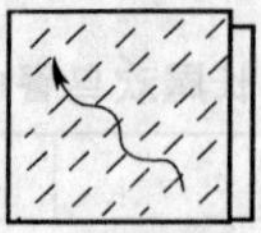	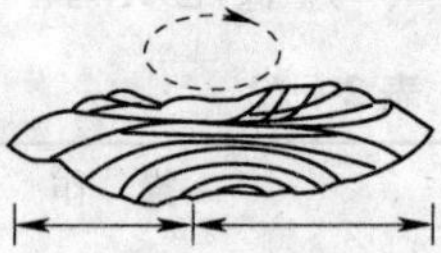
⑤将夹层处翻撑开做头，四片分开做尾 ⑥插入杯中，整理成形		

(10) 月季花开。见表2—24。

表2—24　　　　月季花开餐巾折叠步骤与图解

操作步骤	图解	
①将餐巾反面向上呈正方形，并将左上角向右下对折成三角形 ②从三角形底边向上均匀折5裥	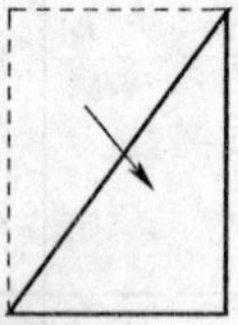	
③用左手食指将5裥餐巾中间向上撑起，其他四指握住下部 ④右手将食指上的方口布裥一一掰开成为"花瓣"，将两大角做成"飘带"或绿叶	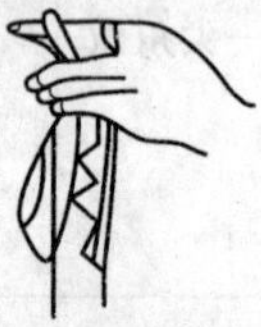	
⑤用双手一一掰开成花蕾 ⑥插入杯中整形		

（11）水仙盆景。见表2—25。

表2—25　　水仙盆景餐巾折叠步骤与图解

操作步骤	图解	
①将餐巾底边向上对折 ②沿箭头方向再对折	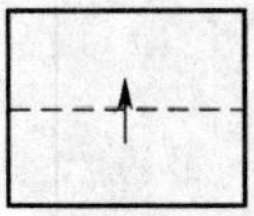	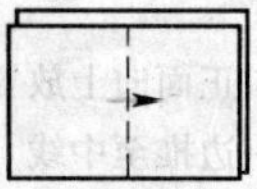
③将右上角的四个巾角整体向左下对折 ④对折后呈三角形	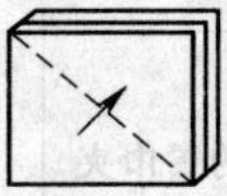	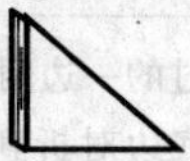
⑤将底边两面三刀巾角分别沿虚线向中间折断 ⑥将底边两面三刀巾角向背后上折	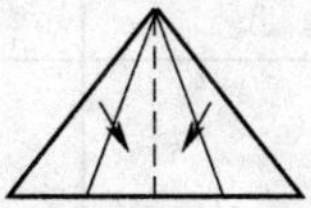	
⑦将两边对折 ⑧依次上拉起层中的四个巾角		
⑨放入盘中，整理成形		

（12）梅花玉树。见表2—26。

表2—26　　梅花玉树餐巾折叠步骤与图解

操作步骤	图解	
①将餐巾两边巾角向中间对折 ②将中间两巾角向上拽成三角形	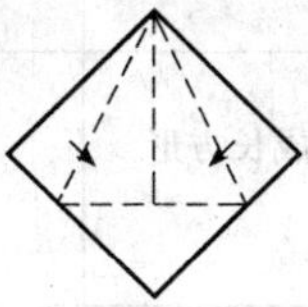	
③将底角折上，与中间两巾角平行 ④将底边折上		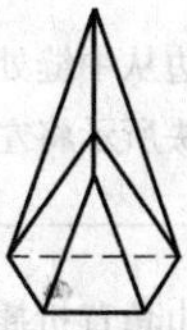
⑤将两边向背后折，一巾角插入另一巾角的夹层中 ⑥放入盘中，整理成形	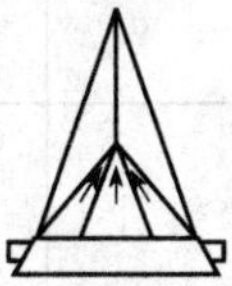	

（13）蝴蝶百寿。见表2—27。

表2—27　　蝴蝶百寿餐巾折叠步骤与图解

操作步骤	图解	
①餐巾正面向上放置 ②从一边推至中线	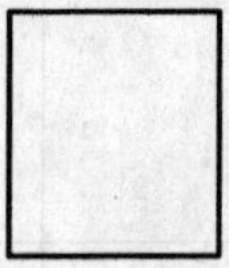	
③将推过的一边两头相向对折到中线 ④将两底边对折到中线，并插入推好的餐巾夹层内	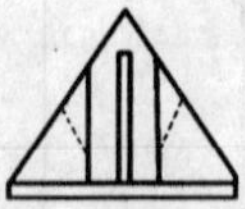	
⑤翻一面 ⑥对折成三角形	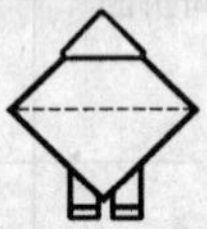	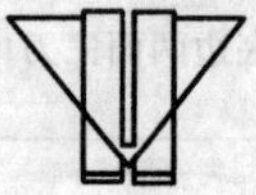
⑦将一角再对折 ⑧将两侧角相对折		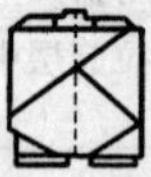
⑨翻一面 ⑩装入盘内，将推过折方向拉出成蝴蝶翅膀状		

（14）王公冠冕。见表2—28。

表2—28　　王公冠冕餐巾折叠步骤与图解

操作步骤	图解	
①将反面向上的方巾沿虚线向下对折成长方形 ②沿虚线方向将两巾角折叠成菱形	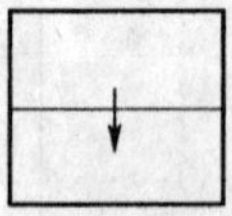	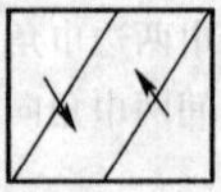
③将两边从中缝处向背后折 ④按箭头所示将左巾角插入中间夹层		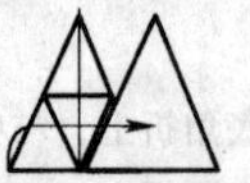
⑤将右巾角背折插入中间夹层 ⑥将底部伸开，呈圆形	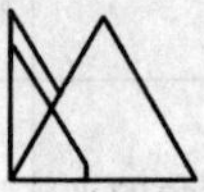	
⑦整形后放入盘中		

（15）餐具插架。见表2—29。

表2—29　　　　餐具插架餐巾折叠步骤与图解

操作步骤	图解	
①将餐巾反面向上，向下对折 ②将长方形餐巾再对折		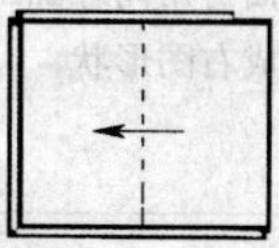
③将右上角一面下折一角 ④再沿虚线向下翻折		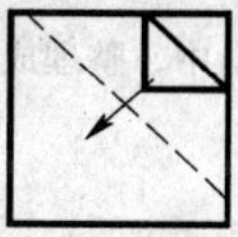
⑤将第二层一面下折一角 ⑥将第二层继续翻折并插入第一层中		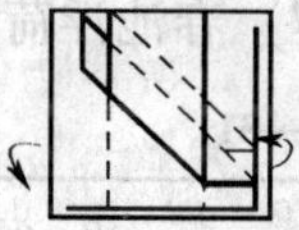
⑦两边按虚线向背面翻折 ⑧翻折后的形状如右图所示	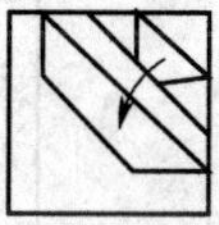	
⑨将放入叉、匙后的餐具插架整理入盘		

（16）出水芙蓉。见表2—30。

表2—30　　　　出水芙蓉餐巾折叠步骤与图解

操作步骤	图解	
①将餐巾四角向中心点折 ②再将四角向中心点折		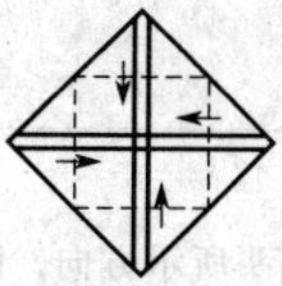
③翻一面 ④将四角向中心点折		

续表

操作步骤	图解	
⑤将背面折角向外翻出 ⑥整理成右图形状	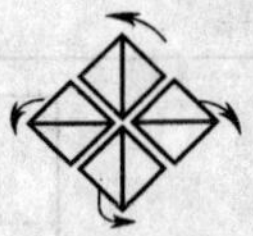	
⑦放入盘中，整理成形		

（17）春池浮荷。见表2—31。

表2—31　　春池浮荷餐巾折叠步骤与图解

操作步骤	图解	
①按箭头所示将餐巾四角向中心点折角 ②再将四角向中心点折角		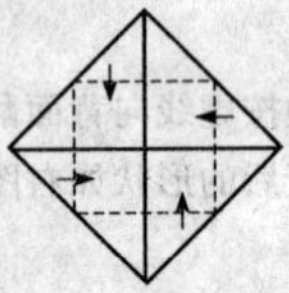
③翻转面 ④将翻转面再折角，反复做两次	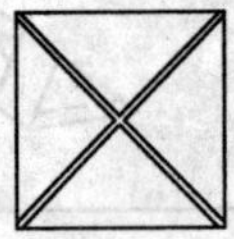	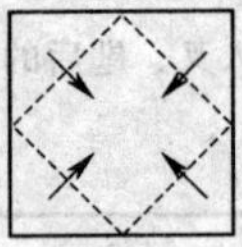
⑤翻转过来分开四角 ⑥再将里层四角分开	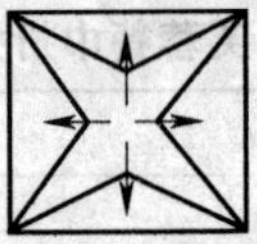	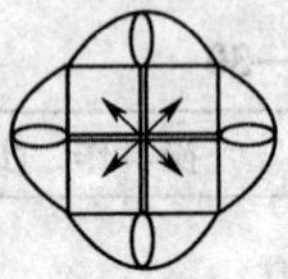
⑦按箭头所示方向，四边压捏使中间突起 ⑧放入盘中，整理成形		

（18）公主桂冠。见表 2—32。

表 2—32　　公主桂冠餐巾折叠步骤与图解

操作步骤	图解	
①将餐巾反面向上呈正方形 ②上下对折成长方形，再把正反面的单层巾边沿虚线向下折成 1/6 宽的条形	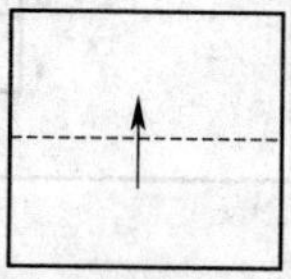	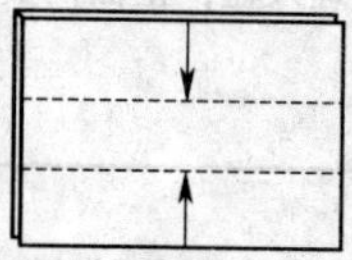
③将左右巾边向中间折进 1/6 ④左右两边再折 1/6 到正中	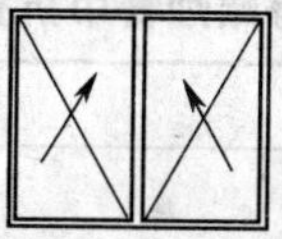	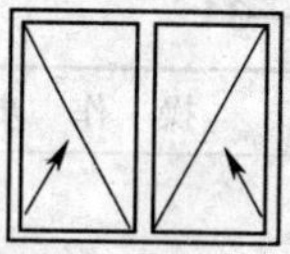
⑤将上边的单夹层向内斜折成三角形，两端折完为止 ⑥整齐的一面面对宾客	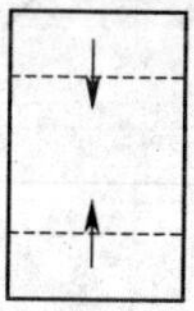	
⑦放入盘中，整理成形		

（19）如意扇面。见表 2—33。

表 2—33　　如意扇面餐巾折叠步骤与图解

操作步骤	图解	
①将反面向下的餐巾向下对折成长方形 ②沿箭头方向，从 1/2 处打 4～5 裥	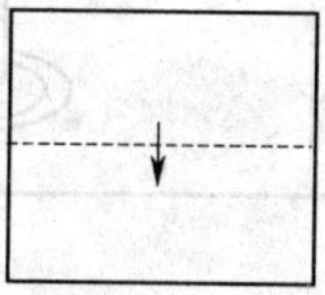	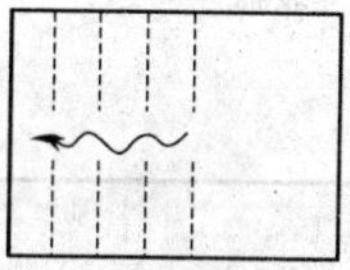
③沿箭头方向向背面对折 ④将长方形一面沿斜线折下	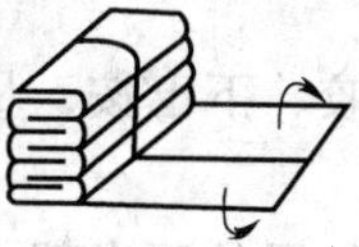	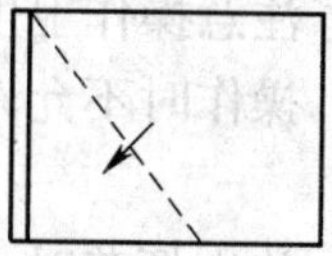

续表

操作步骤	图解	
⑤将余出部分向后折，构成扇面支撑架 ⑥整理入盘，正面向宾客，背面垂直于桌面		

（20）祝寿蜡烛。见表2—34。

表2—34　**祝寿蜡烛餐巾折叠步骤与图解**

操作步骤	图解	
①餐巾反面向上呈菱形放置 ②对角向下折成三角形	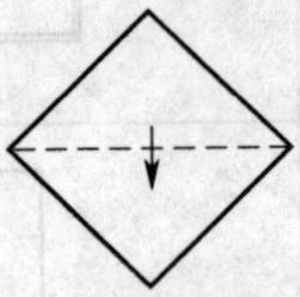	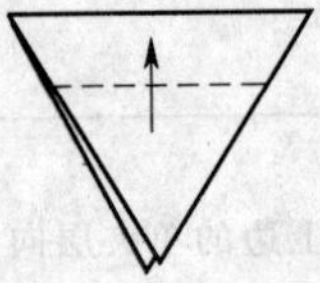
③折倒3厘米 ④翻面，用平头卷至完	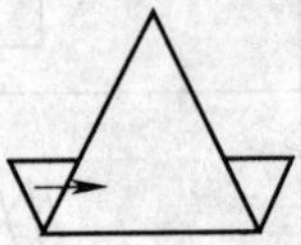	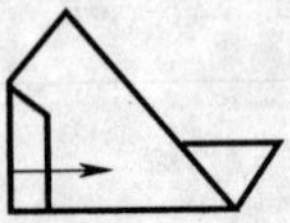
⑤把餐巾的一角插入夹层 ⑥拉下外层巾角，作蜡烛火焰状		
⑦整理装盘		

【要点提示】

1. 注意操作卫生。

2. 操作时不允许用嘴吹、牙咬、下巴按，尽量不要讲话，以免唾液飞沫飞溅在餐巾上。

3. 放入杯花时，要用手拿取杯子的下半部，手不要碰杯口，杯口不允许留下指纹。

【考核指南】

1．测试方法与要求

（1）按百分制计分。

（2）依据操作要领进行，要求手法规范、熟练。

（3）操作时出现用嘴叼、口咬现象计为零分。

（4）在规定的时间内折出指定的 10 种餐巾花，并且花形逼真，造型优美，摆放达标。

2．考核测试表（见表 2—35）

表 2—35　　餐巾折叠考核测试表

班级：　　姓名：　　考核时间：　　年　　月　　日

序号	项目	应得分	扣分	实得分	考评师（签名）
1	技法要领	20			
2	折花造型	40			
3	花形设计	20			
4	折花速度	10			
5	操作禁忌	10			
合计		100			

模块四　摆　台

一、摆台的基本要求

摆台，顾名思义就是为客人就餐摆放餐桌、确定席位、提供必需的就餐用具的工作，它包括餐桌的布局、铺台布、安排席位、准备用具、摆放餐具、美化席面等。它是一门技术，是餐厅服务中一项要求较高的基本功。摆台摆得好坏直接影响服务质量和餐厅的面貌。

摆台的基本要求：餐具距离匀称，图案对正，整齐美观，清洁卫生，使用方便。

摆台可分为中餐摆台和西餐摆台两大类。根据用餐形式不同，摆台时所用餐具的数量也不一样，而且各酒店均有其独特的摆台方式，所以不可能完全统一。

下面着重介绍中餐摆台与西餐摆台。

二、中餐摆台

1．中餐摆台餐具、酒具摆放的顺序和规则

（1）餐、酒具摆放的顺序。大型宴会 10 人坐位的台面所需餐、酒具用品共 104 件，大致可以用托盘分为五次托放。第一托：骨碟、勺垫、瓷勺。第二托：葡萄酒杯、白酒杯。第三托：筷架、筷子、公用餐碟、公用勺、公用筷和牙签桶。第四托：叠好的餐巾花（已插放在水杯中）。第五托：烟灰缸。

（2）餐、酒具摆放的规则。

1）摆骨碟。将餐具码好放在垫好餐巾的托盘内，左手端托盘，右手摆放。从正主人席位开始按照顺时针方向依次摆放。摆放时要求花纹（字头、店徽）要对正，碟与碟之间距离要相等，碟边距桌边1.5厘米。

2）摆勺垫、瓷勺。勺垫摆在骨碟的正前方，瓷勺摆在勺垫的中央，瓷勺柄朝右，勺垫距碟边1厘米。

3）摆酒具。葡萄酒杯应对正骨碟中心，葡萄酒杯底边距勺垫1厘米；白酒杯摆在葡萄酒杯的右侧，杯与杯上口处距离1厘米。酒具的花纹要正对客人；摆放时拿杯座，不能拿杯口。

4）摆筷架和筷子。筷架应放在骨碟的右侧，注意图案摆正，如果是动物图形，头一律朝左。将带筷套的筷子放在筷架上，筷套的图案及文字要朝上对正。筷子末端距离桌边1.5厘米。

5）摆公用碟、公用勺、公用筷。公用碟应放置在正、副主人席位的正前方，碟边距葡萄酒杯底托3厘米，碟内分别横放公用勺和公用筷，筷子放在靠桌心一侧，勺放在靠近客人一侧，勺柄朝左，筷柄朝右，成为对称形。公用勺和公用筷之间距离1厘米；筷子出餐碟部分两侧相等。10人以下应摆2套公用餐具，20人以上摆4套。若2套应摆放在正、副主人之间的中心上，若4套应摆成十字形。如果客人少而餐桌较多，可在正、副主人位置摆上筷架及筷子。

6）摆牙签桶。应摆在公用碟的右侧，不出筷柄末端，不出公用碟的外切线。

7）摆餐巾花。将叠好的餐巾花插在水杯中，摆在葡萄酒杯的左侧，3套杯应横向成为一条直线，水杯的上口距离葡萄酒杯口1厘米。

8）摆放烟灰缸。从正主人席位右侧开始，每隔两个坐位摆放一个，烟灰缸前端应在水杯的外切线上。烟灰缸一般有三个架烟孔，其中一个架烟孔朝前桌心，另外两个朝向两侧的客人。

9）摆火柴。把火柴摆放在靠桌心侧，火柴盒的封面朝上，火柴磷面向里。

10）摆菜单、台号。10人以下摆放2张菜单，摆在正、副主人席位的右侧，菜单底部距桌边1厘米。12人以上摆4张菜单，摆成十字形。大型宴会应摆放台号，一般摆放在每张餐台的下首。台号要朝向宴会厅的入口处，使客人一进餐厅就能看到。

摆台完毕，应再检查一遍有哪些物件摆得不够规范，并做适当调整。

（3）摆台注意事项。

1）摆台前要洗手，注意清洁卫生。

2）摆台中发现餐具有缺边、不洁等情况应予更换。

2. 中餐摆台的分类

中餐摆台分为便餐摆台与宴会摆台。

（1）便餐摆台。

1）早餐摆台。中式早餐摆台较为简单，一般将餐碟摆在坐位正中，距桌边约 1 厘米。汤碗或小饭碗摆在餐碟左侧。筷子装在筷套内摆在餐碟的右侧。汤勺摆在汤碗内或餐碟上方，勺把朝右。如图 2—24 所示。

2）午、晚餐摆台。午、晚餐摆台与早餐摆台基本相同，只是在餐碟前面加一个水杯，将叠好的餐巾花摆在餐碟内或插放在水杯中。摆放时，要求桌面上各种餐具、用具摆放得有条理、整齐、一致、美观大方。如图 2—25 所示。

3）粤菜零点摆台。粤菜是我国很有影响的菜系之一，全国各大城市的旅游饭店大都设有粤菜餐厅。粤菜零点摆台与一般午、晚餐摆台有所不同，其摆台方法是：餐碟摆放在坐位正中，距桌边约 1.5 ~ 2 厘米。筷子装在筷套内摆在餐碟右侧。餐碟左前方摆放小汤碗，碗中放小瓷勺，勺把朝左。餐碟右前方摆放味碟，正前方（味碟、汤碗上方）摆放水杯。筷子右边放茶盘和茶杯，杯把朝右。餐巾花放在餐碟中如图2—26所示。

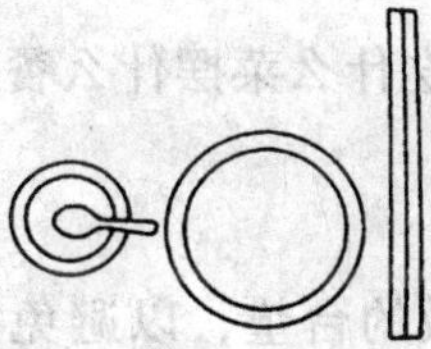

图 2—24　早餐摆台

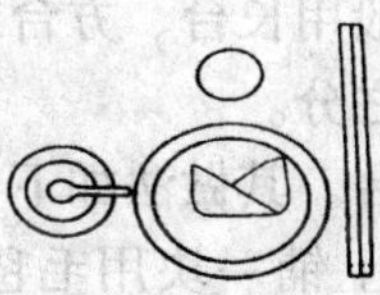

图 2—25　午、晚餐摆台

图 2—26　粤菜零点摆台

由于国内各地区和各菜系习惯不同，各酒店的服务规范各异，所以摆台方法也不尽相同，但整体上看，基本摆法大同小异。

（2）宴会摆台。

1）坐次的安排。中餐宴会坐次的安排十分重要，服务员应认真对待。根据参加宴会的人数安排桌次，合理地确定各桌位置，突出主桌。在宴会厅内开辟主通道，以便于客人和服务员行走。

根据参加宴会宾主的身份来确定其相应坐位。

宴会坐次安排的原则是：主人坐在厅堂正面，对面坐副主人，右侧坐主宾，左侧坐第二宾，副主人右侧坐第三宾，左侧坐第四宾，其他坐位为陪同（见图 2—27）。

2）铺台布。中餐宴会使用圆桌，一般 10 位客人用直径为 160 厘米的圆桌，选用 220 厘米 × 220 厘米的台布。桌布除盖满全桌面外，还应下垂 40 厘米左右达到椅面高度为宜。规格较高的宴会还要在圆桌外沿围上桌裙。

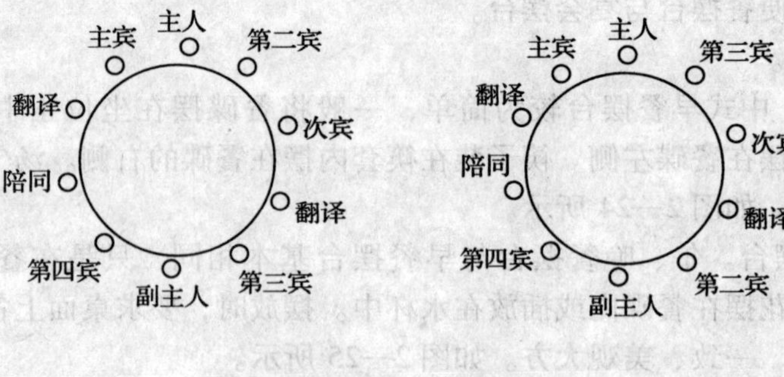

图 2—27　宴会坐次安排

铺完台布后应立即将转台放置在餐桌中央，并试其转动是否灵活，有无摆动、杂音等不良现象。

3）摆餐具。餐具要用托盘分别装上，从主位开始按顺时针方向依次用右手摆放餐具。

三、西餐摆台

1. 便餐摆台

便餐包括集体用餐和个人用餐。一般用长台、方台或圆台。吃什么菜摆什么餐具，喝什么饮料摆什么饮具。坐位一般无主次之分。

便餐摆台分早餐摆台和午、晚餐摆台。其做法如下：

（1）铺台布。铺台布前，先在餐台上铺一块用毛毡或泡沫做的台垫，以避免餐具与台面碰撞，再在台垫上铺台布。

（2）摆餐具。

1）早餐摆台。如图 2—28 所示。

①摆餐盘（直径为 24 厘米）。餐盘摆在席位正中，对准椅中线，盘边距桌边 1 厘米，折好的餐巾花摆在餐盘上。

②摆餐刀、餐叉、汤匙。餐盘右侧依次摆餐刀、汤匙，刀口朝盘，匙口朝上。餐盘左侧摆餐叉，叉齿朝上。刀叉距餐盘 1 厘米，刀、叉、匙后端距桌边 1 厘米。

③摆面包盘、黄油刀。面包盘摆在餐叉左侧，距餐叉和桌边各 1 厘米。黄油刀刀口朝盘心，竖放在面包盘右侧。

④摆水杯。餐刀前方摆水杯，距刀尖 3 厘米。

⑤摆咖啡杯具。咖啡碟摆在汤匙右侧，咖啡碟上摆咖啡杯和咖啡匙，杯把、匙把朝右。

⑥其他。调味盅、牙签筒、烟灰缸等摆在餐台靠中心的位置上。

2）午、晚餐摆台。如图 2—29 所示。

图 2—28　早餐摆台

图 2—29　午、晚餐摆台

①摆餐盘。餐盘摆在席位正中，对准椅中线，盘边距桌边 1.5 厘米。

②摆餐刀、餐叉、汤匙。餐盘右侧由里向外依次摆餐刀、汤匙，刀口朝盘，匙口朝上。餐盘左侧摆餐叉，叉齿朝上。刀叉距餐盘 1 厘米，刀、叉、匙后端距桌边 1.5 厘米。

③摆面包盘、黄油刀。面包盘摆在餐叉左侧，距餐叉和桌边各 1 厘米。黄油刀刀口朝盘心，竖放在面包盘右侧。

④摆茶匙、甜点叉。餐盘正上方平行横放茶匙和甜点叉。茶匙把朝右，叉把朝左。

⑤摆水杯。餐刀正上方 3 厘米处摆水杯。

⑥摆餐巾。餐巾叠好后放在餐盘上。

⑦摆胡椒盅、盐盅、烟灰缸。烟灰缸放在茶匙上方，胡椒盅、盐盅放在烟缸左侧。

2. 宴会摆台

西餐宴会一般使用长台，台型根据厅堂大小、形状和参加宴会的人数来确定。

（1）坐次安排。一般家庭式西餐宴会的坐次习惯是：长台的两端分别为主人坐位和女主人或副主人坐位，长台两边按顺序交叉安排其他客人。如图 2—30 所示。

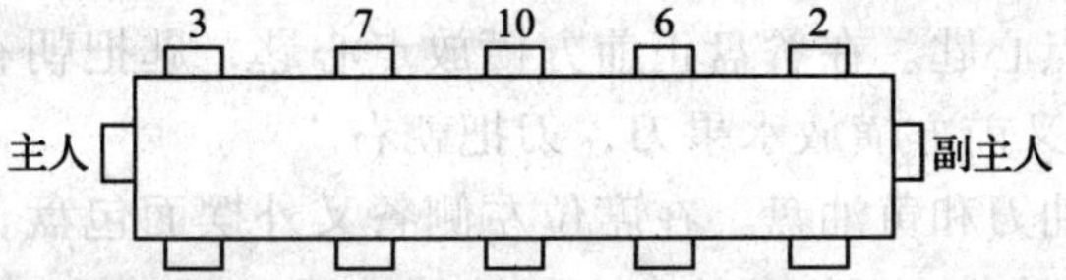

图 2—30　坐次安排（一）

一些国家和地区，特别是正式的宴会，更喜欢将主人和副主人安排在长台中央位置相对而坐。其余客人按顺序交叉安排在长台两边。如图 2—31 所示。

（2）铺台布。宴会长方台的台布需要用数张台布拼铺而成，铺时一般由两人一组合作进行，顺序是从餐厅里往外进行，要让每张台布的接缝朝里，避免步人餐厅的客人看见。铺好的台布中线相连，成一条直线。台布下垂部分的四边平行相等，下沿长度以

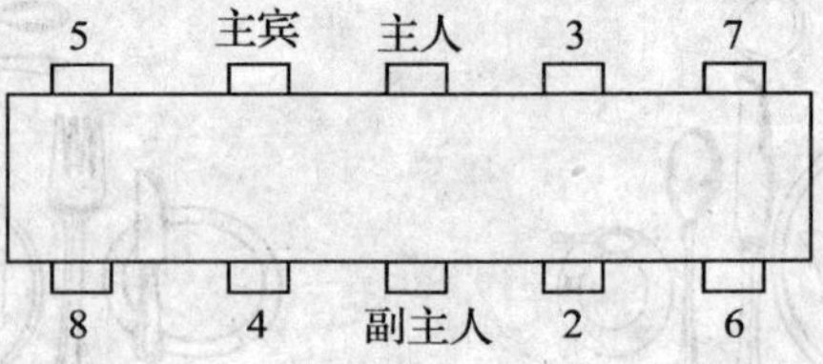

图 2—31　坐次安排（二）

接触到餐椅边沿为准。

（3）摆台程序和要领。如图 2—32 所示。

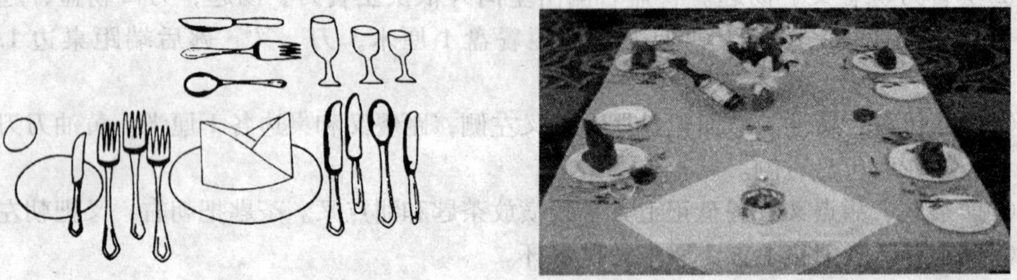

图 2—32　宴会摆台

1）摆餐盘。从主位开始按顺时针方向依次在每个席位上摆放餐盘。盘的图案或店徽要正对餐位，盘边距桌边 2 厘米，盘间距离相等。

2）摆刀叉。在餐盘的右侧从左向右依次摆大餐刀、鱼刀、汤匙、开胃品刀，刀口朝盘，刀把距桌边 1 厘米。再在餐盘的左侧从右到左依次摆放大餐叉、鱼叉、开胃品叉，叉齿向上，叉把距桌边 1 厘米，鱼刀、鱼叉向上突出 1 厘米。

3）摆水果刀叉、点心匙。在餐盘正前方横放点心匙，匙把朝右。点心匙前方横放水果叉，叉把朝左。水果叉前方横放水果刀，刀把朝右。

4）摆面包盘、黄油刀和黄油盘。在席位左侧餐叉外摆面包盘。面包盘中心与餐盘中心对齐，盘边距餐叉 1 厘米。面包盘的右方竖放黄油刀，刀口朝盘中心。黄油盘摆在面包盘右上方，距面包盘 1.5 ~ 2 厘米。

5）摆酒具。摆酒具时要拿酒具下端。酒具一律摆在餐刀上方位置，在餐刀上方 3 厘米处按照从高到低的顺序，从左到右依次放水杯、红葡萄酒杯、白葡萄酒杯。若需放香槟杯，则将红葡萄酒杯向下移 1 ~ 2 厘米，在其上方放香槟杯，使 4 个杯呈菱形图案，各杯间相距 1 厘米。

6）摆餐巾花。将叠好的盘花摆在餐盘正中。注意把不同式样、不同高度的餐巾花搭配摆放。

7）摆放用具。盐瓶、胡椒瓶、牙签筒按四人一套摆放在餐台中线位置上。烟缸从主人右侧摆起，每两人摆一个，烟缸的上端与酒具平行。

8）摆菜单。参加人数少时，每人摆一份菜单。人数较多时，可两个席位摆一份菜单，间隔摆放，但每桌不得少于两份。

9）复查摆台。摆台结束后要进行全面检查。仔细观察是否有漏项或错摆，如发现问题，应及时纠正，弥补不足。

案例分析

2001 年 6 月，中国与中亚五国首脑在上海会面。俄罗斯总统普京的夫人忙里偷闲，赴上海某饭店品尝上海菜。服务人员怕普京夫人不会用筷子，特地放置了一副西餐刀叉。谁知普京夫人为表示友好，几乎自始至终均努力地使用筷子，只是在品尝干烧明虾时用了一次刀叉。试问：在接待国外用餐者时，如何摆台合适？

分析提示

目前国内饭店在为国外用餐者服务时，并不是在所有场合均摆放西餐刀叉，通常仅在有外国人参加的中餐宴会摆台时，在外国客人的餐位前配放刀叉，并在每个服务区域的服务台抽屉中配置刀叉，以备外国客人索用。

【技能实训　中餐摆台】

中餐宴会摆台考核测试标准见表 2—36。

表 2—36　　中餐宴会摆台考核测试标准

序号	考核项目	配分	操作技术要求及评分标准	明细	扣分	得分
1	铺台布	6	正面朝上	1		
			台布折叠的十字中心位于餐桌中心	1		
			中间鼓缝线对准正副主人位	1		
			台布四边均匀下垂	1		
			台布四角包住餐桌四只腿	1		
			干净利落，一次到位	1		

续表

序号	考核项目	配分	操作技术要求及评分标准	明细	扣分	得分
2	垫盘、骨碟定位	20	垫盘、骨碟定位	10		
			距离均匀	5		
			距桌边 1.5 厘米	5		
3	汤碗汤勺、味碟	15	汤碗摆在垫盘左上方，距垫盘 1 厘米	6		
			汤勺放在汤碗内，勺把向右	5		
			味碟放在垫盘的右上方	4		
4	筷架、筷子	11	筷架、筷子摆放在骨碟的右侧	4		
			筷子放在筷架上，筷架在筷子前端 1/3 处，筷尾距桌边 1.5 厘米	7		
5	酒具	20	葡萄酒杯摆放在骨碟的正前方，距汤碗外沿 1 厘米	8		
			葡萄酒杯的右侧摆白酒杯，左侧摆放水杯	8		
			三只酒杯在一条直线上或呈 45 度斜线	4		
6	餐巾折花	18	选 10 种不同造型的餐巾花折叠，插入水杯中	10		
			突出主人位	3		
			简洁明快，造型逼真	5		
7	公用餐具	10	公用餐具摆放符合要求	10		
合计		100				

模块五　上菜、分菜

一、中餐上菜

1. 中餐上菜的程序

中餐上菜自古就很讲究。清朝乾隆年间的才子袁枚，在其著名的《随园食单》上，就曾对上菜程序做过如下论述：“上菜之法，咸者宜先，淡者宜后，浓者宜先，薄者宜后，无汤者宜先，有汤者宜后。度客食饱则脾困矣，需用辛辣以振动之；虑客酒多则胃疲矣，需用酸甘以提醒之。”袁枚的这段话，总结了中餐宴会上菜的一般程序。

2. 上菜顺序

目前中餐宴会上菜的顺序一般为：第一道凉菜，第二道主菜（较高贵的名菜），第三道热菜（ 菜数较多），第四道汤菜，第五道甜菜（随上点心），最后上水果。

由于我国的地方菜系很多，又有多种宴会种类，如著名的燕菜席、燕翅席、鱼翅席、鱼唇席、海参席、全羊席、全鸭席、全鳞席、全素席、满汉全席等。可见，地方菜系不同，宴会席面不同，其菜肴设计安排也就不同。在上菜程序上，也不会完全相同。例如，全鸭席的主菜，北京烤鸭就不作为头菜上，而是作为最后一道大菜上，人们称其为“千呼万唤始出来”。而谭家菜燕翅席，因为席上根本无炒菜，所以在主菜之后上的是烧、扒、蒸、烩一类的菜。又如，上点心的时间，各地习惯也有不同，有的是在宴会过程中上，有的是在宴会将结束时上；有的甜、咸点心一起上，有的则分别上。这都是根据宴席的类型、特点和需要，因人因事因时而定。基本原则是，既不可千篇一律，又要按照中餐宴会相对稳定的上菜程序进行。中餐宴会上菜掌握的原则是：先冷后热，先菜后点，先咸后甜，先炒后烧，先清淡后肥厚，先优质后一般。

3. 菜肴摆放要求

摆菜是指将上台的菜按一定的格局摆放好，其基本要求为：要讲究造型艺术，要注意礼貌，尊重主宾，要方便食用。

摆菜的具体要求是：

(1) 摆菜的位置要适中。散坐摆菜要摆在小件餐具前面，间距要适当。一桌有几批散坐客人的，各客的菜盘要相对集中，相互之间要留有一定间隔，以防出错。中餐酒席摆菜，一般从餐桌中间向四周摆放。

(2) 中餐酒席的大拼盘、大菜中的头菜，一般要摆在桌子中间。如用较盘，要先摆到主宾面前。汤菜如品铺、砂锅、暖锅、炖盅等，一般也摆在桌子中间。散坐的主菜、高档菜，一般也应摆在中间位置上。

(3) 比较高档的菜，有特殊风味的菜，或每上一道新菜，要先摆到主宾位置上，在上下一道菜后再顺势撤摆到其他地方，将桌上菜肴作为叠土的调整，使台面始终保持美观。

(4) 酒席中头菜的看面要对正主位，其他菜的看面要调向四周。散坐菜的看面要朝向顾客。菜肴的所谓看面，就是最宜观赏的一面。各类菜的看面是：整形的有头的菜，如烤乳猪、冷碟孔雀开屏等，其头部为看面；而头部被隐藏的整形菜，如烤鸭、八宝鸡、八宝鸭等，其丰满的身子为看面；冷碟中的独碟、双拼或三拼，有巷缝的，其巷缝为看面，无巷缝的，其刀面为看面；盅菜类的花纹最精细的部分为看面；有“喜”字、“寿”字的造型菜，其字画的正面为看面；一般的菜，其刀工精细、色调好看的部分为看面。

(5) 各种菜肴要对称摆放，要讲究造型艺术。菜盘的摆放形状一般是两个菜可并排摆成横一字形，一菜一汤可摆成竖一字形，汤在前，菜在后；两菜一汤或三个菜，可摆成品字形，汤在上，菜在下；三菜一汤可以汤为圆心，菜沿汤内边摆成半圆形；四菜一汤，汤放中间，菜摆在四周；五菜一汤，以汤为圆心摆成梅花形；五菜以上都以汤或头菜或大拼盘为圆心，摆成圆形。

菜肴对称摆放的方法：要以菜肴的原材料色彩、形状、盛具等几个方面讲究对称。如鸡可对鸭，鱼可对虾等。同形状、同颜色的菜肴也可相间对称摆在餐台的上下或左右位置上；一般不要并排摆在一起，摆放时注意荤素、颜色、口味的搭配和间隔，盘与盘之间距离相等。

（6）有的热菜使用长盘，其盘子应横向朝主人。

二、西餐上菜

1．西餐上菜的服务位置及顺序

（1）餐厅服务员在提供西餐上菜服务中，总体顺序是先女主宾后男主宾，然后服务主人与一般来宾。

（2）餐厅服务员应用左手托盘，右手拿叉匙为客人提供服务，服务时，服务员应站在客人的左边。

2．西餐上菜的三种方式

（1）在厨房里将主菜与色拉放进盘内，而后用垫盘将菜送到宴席上。

（2）餐厅服务员用一大盆菜送到餐桌中央，然后让客人自行选取食用。

（3）厨师事先将菜装到一只专用的分菜盘内，然后由服务员送到餐桌边分给客人食用。分菜时服务员要站在客人的左边，左手托盘，右手使用服务叉匙为客人分菜。

3．西餐的上菜顺序

（1）面包和黄油。餐厅服务员应在开餐前5分钟为客人送上面包与黄油。先用小方盘装上热的小梭子面包，上面用清洁的口布盖上；再用小圆盘装上黄油，数量与客人数相等。然后将黄油刀移放到黄油盅上，在芝士盆的右上角放上黄油，中间放上面包。

（2）果盘。餐厅服务员为客人送上果盘时应将果盘端送到客人的左侧，让客人自己挑选。

（3）汤。在西餐中汤有清汤与浓汤之分。清汤又包括热清汤与冷清汤两种。要用热盆放浓汤，从而保持汤的原汁原味。夏天用西餐时一般喝冷清汤，上汤之前首先要将盛放冷清汤的专用杯（带两耳）用冰冻冷。

（4）主菜。送上主菜时要用大菜盆，所以主菜通常又称为大盆。服务员为客人送上主菜的同时还要在大菜盆的前面随送上卤汁和蔬菜，这些配料用半月形的生菜专用盆装盛。

（5）点心。送上热点心时，要将中叉和点心匙放到底盆内与点心一道端上去。

（6）水果。有的西餐服务已事先在台面上摆好了水果盘，作为装饰点缀之用。在这种情况下给客人上水果时只要为客人送水果刀叉、净手盅便可以。如果桌面上并没有事先摆好水果盘，餐厅服务员可以在放上辅助工具之后，为客人送上准备好的果盘。

（7）咖啡。西餐中早、中、晚餐饮用咖啡的杯子各不一样，通常情况下，分别使用大、中、小三种杯子。餐厅服务员可以在客人食用水果时就将咖啡杯送到客人的水杯后面。分派咖啡的盘上应当垫上口布，并装上糖、牛奶盅、咖啡壶等用品。

三、分菜

1．分菜服务要求

在宴会和零点服务中，有些菜需要分派（或整桌都要分餐服务），服务要求如下：

（1）分菜前先将菜端上桌示菜并报菜名，用礼貌用语“请稍等，我来分一下这道菜”，然后再进行分派。

（2）用羹勺分菜时，左手托菜盘（菜盘下垫口布），右手拿分菜用的羹勺，从主宾左侧开始，按顺时针方向绕台进行，动作姿势为左腿在前，上身微前倾。分菜时做到一勺准，不允许将一勺菜或汤分给两位客人，数量要均匀，可将菜剩余1/5再装小盘然后放在桌上，以示富余。

（3）分汤及一些难分派的菜时，可用旁桌分菜法。在工作台上摆好相应的餐具，将菜或汤用分菜用具（羹、勺）均匀分派；菜分好后，从主宾右侧开始按顺时针方向将餐盘送上，并用礼貌用语：“您请用”，注意要将菜的剩余部分换小盘后再上桌。

（4）用转台分菜时：提前将与宾客人数相等的餐碟有序地摆放在转台上，并将分菜用具放在相应位置；用长柄勺、筷子或勺分菜，全部分完后，将分菜用具放在空盘内；迅速撤身，从主宾右侧开始，按顺时针方向绕台进行，撤前一道菜的餐碟后，从转盘上取菜端给宾客；最后，将空盘和分菜用具一同撤下。

（5）服务员分菜时要注意手法卫生、动作利索、分量均匀、跟上作料；服务员在保证分菜质量的前提下，以最快的速度完成分菜工作；一勺要干净利索，切不可在分完最后一位时，菜已冰凉；带作料的菜，分菜时要跟上作料，并略加说明。

2．几种菜的分派方法

（1）鱼要先剔除鱼骨，待鱼汁浸透鱼肉后，再用餐刀切成若干块，按宾主的先后顺序分派。

（2）肘子，用公筷压住肘子，再用刀将肘子切成若干块，按宾主次序分派。

（3）拔丝菜，用公筷将甜菜一件件夹起，随即放在凉开水里浸一下，再夹到客人盘碗里。分的动作要快，即上，即拔，即浸，即食。

案例分析

某三星级宾馆餐厅大包房里围坐着一家十几口人，从桌上的大红寿字蛋糕和老老小小的宾客可知，这是一次庆祝寿辰的家庭宴会，原来是某企业家为母亲做八十四大寿。服务员规范地为宾客进行了服务，每道菜送上时，服务员照例旋转菜品，报菜名，然后便是分菜、换餐盘、斟酒水。只看见餐桌上的菜盘一个一个都被服务员撤了下来，台面十分整洁。服务员真可谓是周到细致。宴会结束后，餐饮部经理征询客人意见，客人说菜烧得不错，口味很好，但仍有不满意的地方。试分析问题出在哪里？

分析提示

此宴会是为老人祝寿，属一般宴会，这就需要热闹的宴会气氛。因此，不需要每道菜都进行分菜，撤换菜盘，否则会影响客人的就餐氛围。此案例告诉服务员运用分菜操作技能服务时应注意灵活，并不是所有的高档菜都要进行分让。

【技能实训　上菜、分菜】

一、上菜

【实训目的】

通过教师对上菜知识和操作标准的讲解、学生对该项操作技能的实践训练，使学生了解上菜服务的概念、方法和上菜时的注意事项等，掌握该项技能的操作程序与操作要领，达到规范操作、技能娴熟的训练要求。

【实训方法】

首先由任课教师进行理论与实践操作的讲解和演示，然后由学生动手操作训练。在学生操作训练过程中，教师指导，学生强化训练，以使学生熟练掌握该项操作技能。

【实训器具】

托盘、各式菜肴、菜单、十人台摆台、工作台等。

【实训内容】

1. 中餐上菜服务程序

2. 西式上菜服务程序

【程序与操作标准】

1. 中餐上菜服务程序（见表2—37）

表2—37　中餐上菜服务程序

程序	操作标准与要求	补充说明
上菜准备	①上菜工具的准备——托盘、菜肴服务工具等 ②菜单准备——熟悉上菜顺序 ③上菜口的确定	上菜顺序：冷菜、热菜、汤菜、点心、水果

程序	操作标准与要求	补充说明
上菜服务	①从上菜口将菜肴送上餐桌，注意菜肴摆放的位置、搭配和间距 ②上菜时动作要轻，严禁将菜肴从客人的头上越过 ③展示菜肴、报菜名、介绍菜肴 ④上热菜时，菜盘内放置服务叉、匙，要注意将叉、匙柄朝向主人，如果盘子很热，一定要提醒客人注意 ⑤上汤类菜肴时，服务员要给客人分汤，如果有小孩同桌就餐，一定要将热菜、汤类远离孩子并提醒成年人注意 ⑥上带头尾的菜品时，应根据当地的上菜习惯摆放 ⑦上带有作料的菜肴时，要先上配料后上菜，要一次上齐，切勿遗漏 ⑧上带壳的菜肴时，一定要配上小毛巾和洗手盅 ⑨菜上齐后要告知客人并询问是否还需加菜或其他帮助 ⑩上菜撤盘的基本礼节要求是：上菜不准推，撤盘不准拖	报菜名、介绍菜肴时，语言表达要准确、语音语速要适中、语态要自然大方

2. 西式上菜服务程序（见表2—38）

表2—38　　西式上菜服务程序

程序		操作标准与要求	补充说明
上菜准备		①上菜工具的准备：托盘、菜肴服务工具等 ②菜单准备——熟悉上菜顺序	上菜顺序：开胃品、汤、色拉、主菜、甜点、水果、餐后饮料
上菜服务	法式服务	①一般由两名服务员共同完成 ②所有的食物先在厨房进行初步加工 ③上菜时，黄油、面包、色拉及其他必须放在客人左侧的食品从左侧上桌，其他食品饮料一律从右侧送上餐桌	菜肴由服务员当着客人的面进行最后的烹制、分切装盘，然后送至客人面前
	俄式服务	①一般由一名服务员完成 ②上菜时，服务员左手托餐盘，右手从客人右侧送上餐盘 ③上菜时，按顺时针方向操作	服务员从厨房端出的菜肴是由厨师烹制并分切好的
	英式服务	①服务员往往充当主人助手的角色 ②上菜时，服务员先将热餐盘从厨房端到餐桌上，放在主人的面前，再将盛有整块食物的菜盘也放在主人面前 ③由主人亲自动手切分装盘，再由服务员将菜肴端给每位客人 ④将调味品、沙司及配菜摆放在餐桌上，由客人自取或相互传递	宾客像参加家宴一样，取到菜后自行进餐

续表

程序	操作标准与要求		补充说明
上菜服务	美式服务	①食物由厨师在厨房切分装盘，然后由服务员直接端盘 ②用右手从客人右侧将餐盘送到客人面前 ③上菜时，遵循右上右撤的原则	上菜服务的原则与原来左上右撤原则不同

【要点提示】

1. 做好上菜前的各项准备工作。
2. 从上菜口将菜肴送上餐桌。
3. 上菜时动作要轻。
4. 菜上齐后要告知客人并询问是否还需加菜或其他帮助。

【考核指南】

1. 测试方法与要求

（1）按百分制计分。

（2）以中餐每台 8 人宴会和西餐每台 6 人宴会服务的标准综合测试。

（3）考察中式上菜和西式上菜服务的整个过程后进行评分。

（4）8 人为 1 组，6 人为客人，2 人为服务员，角色转换进行测试。

2. 考核测试表（见表 2—39 和 2—40）

表 2—39　　中餐上菜服务考核测试表

班级：　　姓名：　　考核时间：　　年　　月　　日

序号	项目	应得分	扣分	实得分	考评师（签名）
1	依据上菜顺序上菜	20			
2	从上菜口将菜肴送上长桌	10			
3	菜肴的摆放位置、搭配和间距均匀合理	20			
4	展示菜肴、报菜名、介绍菜肴，语言表达准确、语音语速适中、语态自然大方	20			
5	上齐后要告知客人并询问是否还需加菜或其他帮助	10			
6	整个操作程序无遗漏	20			
	合计	100			

表 2—40　　　　　　　　　　西式上菜服务考核测试表

班级：　　　　　　　　　　姓名：　　　　　　　　　　考核时间：　　年　　月　　日

序号	项目	标准	应得分	扣分	实得分	考评师（签名）
1	法式服务	上菜时，黄油、面包、色拉等必须放在客人左侧的食品从左侧上桌，其他食品饮料一律从右侧送上餐桌	20			
2	俄式服务	上菜时，服务员左手托餐盘，右手从客人右侧送上餐盘，按顺时针方向操作	20			
3	英式服务	①服务员先将热餐盘从厨房端到餐桌上，放在主人的面前，再将盛有整块食物的菜盘也放在主人面前 ②主人亲自动手切分装盘后，再由服务员将菜肴端给每位客人	20			
4	美式服务	①右手从客人右侧将餐盘送到客人面前 ②上菜时，遵循右上右撤的原则	20			
5		整个操作程序无遗漏	20			
		合 计	100			

二、分菜

【实训目的】

通过教师对分菜服务基础知识和操作标准的讲解、学生对该项操作技能的实践训练，使学生了解分菜服务的概念、方法和分菜时的注意事项等，掌握该项技能的操作程序与操作要领，达到规范操作的训练要求。

【实训方法】

首先由任课教师进行理论与实践操作的讲解和演示，然后由学生动手操作训练。在学生操作训练过程中，教师指导，学生强化训练，以使学生熟练掌握该项操作技能。

【实训器具】

服务叉、服务勺、长筷、长柄勺、刀、叉、勺、工作台等。

【实训内容】

1. 中餐分菜服务程序

2．特殊菜肴（鱼类菜肴）分菜服务程序

【程序与操作标准】

1．中餐分菜服务程序（见表2—41）

表2—41 **中餐分菜服务程序**

程序		操作标准与要求	补充说明
分菜准备		分菜工具的准备：①服务叉、服务勺 ②一双长筷子、一把长柄勺 ③一刀、一叉、一勺	注意各项工具的配合使用
分菜服务	桌面分让式	①从上菜口将菜肴送上餐桌 ②展示菜肴、报菜名后撤离餐桌 ③服务员站在客人左侧操作 ④服务员分让菜肴时可以边分边向客人介绍菜点的名称、口味 ⑤给每位客人分让菜肴的数量、色彩要搭配均匀	使用服务叉、服务勺分菜
	餐台分菜法	单人分菜式： ①将客人用过的餐碟或汤碗撤下，再用托盘送上新的餐具，摆放在靠近身边的转盘上 ②从上菜口将菜肴送上餐桌，展示菜肴并报菜名 ③用长筷、长柄勺将菜点分至餐碟中，拨动转盘 ④按先宾后主的顺序将菜肴送到客人的面前，逐个请宾客自取，服务人员也可以协助宾客端取	使用长筷、长柄勺等公用餐具分菜
		二人合作式： ①从上菜口将菜肴送上餐桌 ②展示菜肴并报菜名 ③一名服务员站在上菜口，右手持长筷，左手持长柄勺，为客人分菜 ④另一位服务员绕台将每位客人的餐碟移到分菜服务员近处，从客人左侧将菜肴送上	二人合作式用于高档宴会服务
	旁桌式分菜法	①一般用于宴会，由服务员从上菜口将菜肴送上餐桌 ②报菜名展示介绍菜肴、供客人观赏后撤离餐桌 ③在备餐桌上将菜分到餐碟内，然后用托盘从客人右侧送上	使用刀、叉、匙分菜，技能不太熟练的服务员，最好采用旁桌式分菜法
	厨房分菜法	①厨房做好的菜肴直接在厨房或备餐间分派好 ②服务人员用托盘从客人右边上菜	常用于分餐制和比较高档的炖品、汤类等菜肴

2．特殊菜肴（鱼类菜肴）分菜服务程序（见表2—42）

表2—42　特殊菜肴（鱼类菜肴）分菜服务程序

程序	操作标准与要求	补充说明
分鱼准备	准备分菜工具：刀、叉、盘	注意刀、叉的使用
整鱼展示	先报菜名，为客人展示菜肴，然后撤至服务桌	
剔除鱼骨	①服务员先将鱼身上的配料拨到一边，左手持叉，右手持刀 ②用叉轻压鱼背，以避免鱼在盘中滑动，叉不可叉进鱼肉中 ③用刀顺脊骨或鱼中线划开，将鱼肉分开，露出整条鱼骨 ④用叉轻压鱼骨，用刀将鱼骨剔出 ⑤将鱼骨放入服务盘中	要求动作利落、手法卫生
整理成形	①将鱼肉恢复原样，浇上原汁 ②不要将鱼肉碰碎，要尽量保持鱼的原形	
上菜服务	①将整理成形的整鱼端上餐桌 ②如需分菜要用餐刀将鱼肉切成若干块，按宾主先后次序分派。如鱼块带鳞，要将带鳞部分紧贴餐碟，鱼肉朝上	注意分派均匀、台面卫生

【要点提示】

1．做好分菜前的各项准备工作。

2．掌握各项分菜服务的操作方法。

3．掌握各项分菜工具的配合使用。

4．分派后的菜肴剩余要合理。

【考试测评】

1．测试方法与要求

（1）按百分制计分。

（2）考察中餐分菜和中餐分鱼的整个过程后进行评分。

2．考核测试表（见表2—43和2—44）

表2—43　中餐分菜服务考核测试表

班级：　　　　姓名：　　　　考核时间：　　年　　月　　日

序号	项　目	应得分	扣分	实得分	考评师（签名）
1	分菜工具使用准确、得当	20			
2	分派菜肴、点心不滴不洒，一次到位，分派均匀	30			
3	按分派顺序分派菜肴	20			
4	在规定时间内（4分钟）完成一道菜肴的分派任务	20			
5	整体效果	10			
合计		100			

表 2—44　　中餐分鱼服务考核测试表

班级：　　　　　　　　姓名：　　　　　　　　考核时间：　　　　年　　月　　日

序号	项目	应得分	扣分	实得分	考评师（签名）
1	分鱼服务程序无遗漏	20			
2	剔鱼骨动作准确、一次到位	30			
3	鱼肉无破碎、可较好保持鱼的原型	20			
4	如需分派，需要分量均匀	10			
5	在规定时间内（4 分钟）完成	10			
6	整体效果	10			
	合计	100			

模块六　撤换餐具

撤换餐具是客人就餐间隙一道必不可少的工序，其撤换时机、次数、需求、方式是餐厅服务员必须掌握一种技能。一般情况下，较高级的酒会、宴会，往往需要具有多种菜品和饮料，具备就餐规模较大、就餐时间较长、服务环节较多、讲究礼节礼仪等特点，因此，需要及时更换餐具、用具和酒具等，以显示宴会的规格和服务员的技艺。

一、撤盘的基本要求

撤盘就是在客人进餐中或餐后收盘收碗的工作。

撤盘有三个基本要求：

（1）要为上下一道菜点做好准备。

（2）不能损坏餐具。

（3）撤盘要注意礼貌，撤盘不准拖，不要把汤汁洒在客人身上。

二、撤盘的时机

（1）用过一种酒水，又用另一种酒水时。

（2）装过有鱼腥味食物的餐具，再上其他菜时。

（3）吃甜菜和甜汤之前。

（4）吃风味特殊和调味特别的菜肴之后。

（5）吃带芡汁的菜肴之后。

（6）当餐具脏时。

（7）当盘内骨刺残渣较多，影响美观时。

三、撤盘的位置和方法

1. 换烟缸的方法

餐厅应备足够数量的烟灰缸供客人就餐，服务员要经常巡视服务区域，做到有烟蒂即换，让餐台上的烟灰缸始终保持清洁。撤换烟灰缸时，应用托盘托上干净的烟灰缸，用右手将干净的烟灰缸放在用过的烟灰缸上，将两只烟灰缸一起拿到托盘内，再将干净的烟灰缸放回餐桌上，这样，可防止烟灰飞扬、污染菜点和落到客人身上。撤台时，撤烟灰缸应先做防火安全检查，看是否有未熄灭的烟蒂，如有应及时熄灭。

2. 换骨碟、汤碗的方法

在为客人撤换骨碟、汤碗时，服务员要把干净的餐具放在托盘一侧，左手托盘，右手为客人撤换餐具。从主宾位开始，先把用过的餐具撤下放在托盘的另一侧，然后为客人摆放上干净的餐具，以顺时针方向依次进行。撤换时应注意，用过的餐具和干净的餐具要严格分开，防止交叉污染。如遇前一道菜还未用完而新菜又上来的情况，可以在客人面前先放上一只干净餐具，等客人用完后撤下前一道餐具。

客人在就餐过程中，遇有下列情况之一时，就需要更换餐具：

- 凡是吃过冷菜换吃热菜时。
- 凡装过鱼腥味、带骨、带壳食物的餐具后。
- 在吃其他类型菜肴时。
- 凡吃甜菜、甜点、甜汤之前时。
- 食用特殊风味，调味特别的菜肴时。
- 食用过芡、汁各异，味道有别的菜肴时。
- 餐具中洒落酒、水、饮料时。
- 餐具中骨残渣较多时。
- 客人在就餐中餐具落地时。

3. 撤菜盘的方法

在中餐宴会中一定要保持餐桌清洁，客人就餐时，服务员要注意观察台面，每当客人用完一道菜后，服务员就应将空盘撤下。如遇高档宴会，一般上新菜就要撤旧菜，桌面上不超过两道菜。一般宴会，台面上不超过五道菜，如果超过规定数量，就会影响整个台面的整洁、美观，所以，一般在服务员分好菜，客人品尝完毕，下道菜上桌时，就把前一道菜撤下。撤前道菜时，服务员应征求客人意见，得到客人的肯定答复后才能撤下。撤菜盘时要使用托盘，站在上菜位置，左手托盘，右手撤菜盘。不能将托盘放在餐台上收餐具，注意动作要轻、平稳，防止餐具碰出响声，还要防止菜汁、卤汁滴在客人身上。

4. 西餐撤换餐具

西餐每吃一道菜即要换一副刀叉，刀叉排列从外到里，到正餐或宴会快结束时，餐台上无多余物品，待客人用甜点时，服务员即可将胡椒瓶、盐盅、调味架一并收拾撤下。

撤盘前要注意观察客人的刀叉摆法，当客人将刀、叉合并直放在盘上时，就表示不再吃了，在同桌的大多数客人都这样表示后，即可开始撤餐具了。如果刀叉搭放在餐盘两则，说明客人还要继续食用或边食用边说话，这时不可贸然撤去。

撤换餐具时，应首先向客人礼貌地示意，然后站在客人的右侧，左手托盘，右手操作，先撤下刀叉，然后撤餐具，餐刀、餐叉要分开放入托盘内，并以顺时针的方向依次进行。

如客人将汤匙底部朝上，或将匙把正对自己心窝处，服务员应马上征询客人意见，了解情况后再做处理，客人若将汤匙放在汤盘或垫盘边上，通常表示还未吃完，此时不宜撤盘。

在客人未离开餐桌前，桌上的酒杯、水杯不能撤去，但啤酒杯、饮料杯可在征询客人意见后撤去。

（1）撤换烟灰缸。西餐撤换烟灰缸的方法与中餐基本一致。

（2）撤换酒具。西餐常规摆台，通常摆红、白葡萄酒杯，客人开始用餐后，应根据其所订的酒水，重新为客人换酒具。

为客人更换酒具时，应先根据客人所订酒水，准备好相应数量的干净酒杯，将酒杯的杯口向上整齐地码放在铺有洁净餐巾的托盘上，更换酒具时，应从客人的右侧按顺时针的方向进行，要遵照女士优先的原则，将酒具放在正确的位置上，操作时不允许酒具相互碰撞。

服务员在表达时，要注意语气的自然流畅、和蔼可亲，在语速上保持匀速，任何时候都要心平气和、礼貌有加。那些表示尊重、谦虚的词汇常常可以缓和语气，如“您”“请”“抱歉”“假如”“可以”等。另外，服务员还要注意表达时机和表达对象，即根据不同的场合和宾客的不同身份等具体情况进行适当得体的表达。

案例分析

在一家四星级宾馆，某国有企业与某外资企业举行合同签字仪式，签字结束时，各企业代表在宾馆的餐厅举行了庆祝仪式。席间客人十分高兴，纷纷举杯庆祝。这时服务员小付看到烟灰缸已经有多支烟蒂了，他知道按要求应该更换了，于是匆忙地拿起烟灰缸放到了托盘上，只见烟灰四处乱飞，客人十分不悦。

分析提示

此案例反映服务员小付不知道正确撤换烟灰缸的方法。正确的做法应该是，把干净的烟灰缸放在用过的烟灰缸上，将两只烟灰缸一起拿到托盘内，再将干净的烟灰缸摆放到原位。这样烟灰不至于四处乱飞，影响客人就餐。

第三单元 中 餐 服 务

模块一 中国菜的特点及种类

案例分析

福州某餐厅，几位外地客人点了一道福建特色菜“佛跳墙”。菜上来之后，香气扑鼻，客人举筷一尝，果然味美无限。客人高兴之余，把服务员叫过来，问道：“这菜果然名不虚传，只是为什么给取了个奇怪的名字‘佛跳墙’？‘佛跳墙’这三个字中没有一个与吃有关，服务员你能否解释一下？”客人满怀期待地看着服务员。但服务员却满面通红，抓耳挠腮了好一会儿才说道：“这个么，我也不是很清楚，我去问一下其他人。”

她离开了一会后回来。客人以为这次有了答案，不料得到的回答却是：“具体情况不是很清楚，可能是创作这道菜的厨师是个和尚。”客人们大失所望，顿时没了兴致。

分析提示

在餐饮服务中，经常会遇到客人提出类似的问题。这些问题，包含着丰富的知识，有菜肴原料方面，有菜肴制作方面，也有名菜典故方面。本例中，客人提出关于“佛跳墙”名称由来的问题，是一个关于地方特色菜的问题，而作为当地餐厅的服务员却不清楚，这不能不说是服务素质上的一大缺憾。服务员不仅要提供服务规范所规定的基本服务，而且对与基本服务相关的知识也应有所了解，并能在顾客需要时（甚至未提出时）予以提供，满足顾客的好奇心和求知欲，使顾客不仅“吃”到了菜，而且“学”到了菜，有物超所值的感受。要成为一名合格的服务员，需要掌握广博的业务知识。这就必须广泛学习各种菜点、酒水等和服务有关的知识，才能准确回答客人提出的问题，增加客人食趣，使客人满意。

一、中国菜的特点

中国饮食文化历史沉淀深厚，烹饪技艺在国际上久负盛名，烹饪特点讲究色、香、味、形、器，科学性和艺术性并重，给人带来味觉、嗅觉和视觉的综合享受。

（1）中国菜肴讲究色、香、味、形、器，选料极为广泛，从山珍海味到一般动植物，均可入菜，此为其他国家所不及。

（2）中国菜肴讲究刀工，注重掌握火候。

（3）烹饪方法复杂多样，令人眼花缭乱。主要有炒、炸、炖、焖、熘、爆、煎、烩、煮、烤、熏、扒、涮、拌、卤、腊、冻、拔丝、挂霜、蜜汁等，所制成的菜肴具有香、甜、酸、辣、鲜、酸甜、甜咸、麻辣、香辣、鱼香、怪味等多种口味。

二、中国菜的种类

我国的菜系，是指在一定区域内，由于气候、地理、历史、物产及饮食风俗的不同，经过漫长历史演变而形成的一整套自成体系的烹饪技艺和风味，并被全国各地所承认的地方菜肴。

站在不同的角度，可以划分出不同类型的菜系。

1. 从地域角度划分

（1）四大菜系：鲁菜、川菜、粤菜、苏菜。

（2）八大菜系：四大菜系＋闽菜、浙菜、湘菜、徽菜。

（3）十大菜系：八大菜系＋京菜、沪菜。

（4）十二大菜系：十大菜系＋豫菜、陕西菜。

2. 从原料性质划分

可以分为素菜和荤菜。

3. 从功用划分

有保健医疗和普通菜之分。

4. 从生产者主体划分

有市肆、食堂、家庭等菜之分。

5. 从时代划分

有仿古菜和现代菜之分。

三、中国名菜及特点

1. 鲁菜

鲁菜即山东风味菜，由济南、胶东、孔府菜点三部分组成。特点：取材广泛，品种多，清香，鲜嫩，味纯，口味略咸，精于制汤。著名代表菜：葱烧海参（见图3—1）、油焖大虾、九转肥肠（见图3—2）、油爆双脆、烩乌鱼蛋汤、锅塌豆腐、德州扒鸡等。“九转大肠”是山东济南的传统名菜。在清光绪年间，是山东济南府一巨商杜某经营九华楼酒店的招牌菜。随着制作方法和用料的不断改进，九转大肠的味道越来越好，现已成为鲁菜的代表菜之一。

图 3—1　葱烧海参

图 3—2　九转大肠

2. 粤菜

粤菜是广东地方风味菜肴的总称。粤菜具有鲜明的地方特色。它取料广博奇杂，杂食成风。这源于其独特的环境因素和历史文化：广东地处热带亚热带，濒临南海，省内河汉纵横，雨量充沛。优越的地理环境导致了丰富的生物资源：无论是山珍海味、飞禽走兽，还是一般的山花野菜、家禽、家畜、家鱼以及种植蔬果等饮食资源，无不博杂丰富，来源充足，是中国饮食资源最丰富的地区之一。这是粤菜取料广博的物质基础。同时，粤菜广为人知的缘由之一便是杂食成风。“天上飞的除了飞机，地上爬的除了坦克，广东人什么都敢吃”之一印象在外地人心目中早已形象鲜明、根深蒂固。广东人的这种取食广博奇杂的饮食习俗有它的历史文化渊源：广东原属百越族的聚居地，有着独特的原始崇拜，如蛇、狗崇拜等，他们认为吃了蛇、狗后将其力量转移到自己身上。这个习俗沿袭下来，至今不衰。同时，这种饮食习惯也有其合理性和规律：如狗肉开始是在农作繁忙时的夏季吃，能避瘴气、补体力，清初后，改为冬令进补。除了取料广博奇杂，在外地人眼中，“生猛海鲜”更是粤菜的代名词。

粤菜在味道上以清淡见长。但并非清寡如水，淡而无味，而是清中求鲜，淡中见美，极具特色。地理气候上的长夏短冬和湿热，使得广东人在饮食上不得不趋于清淡，以便于祛火气。在口味上，粤菜注重原汁原味，烹饪手法上以清蒸、白灼、白切见长，不用较重的调料，以免掩盖了食物的原有风味。这也体现了广东人平实、崇尚自然的文化性格。

粤菜在制作技法上也与中原地区迥异，与中原地区强调“正宗”不同，它以“有传统，无正宗”为师训。所谓“有传统”是指在选料杂广，菜式追求清、鲜、爽、滑、嫩的风味特色基础上，继承粤菜的主要烹饪方法和调味原则；“无正宗”，即根据市场和顾客的需要，灵活多变，大量引进世界各地的原料，吸取中外烹调技术精华，推陈出新，创出新菜式、新食法，体现出开放、创新、兼容的特色。

除了在制作技法上推陈出新，粤菜在制作工艺上也极为精细，体现出追求享受的倾向。在粤菜中，最见功夫的当属鸡了，有几百种之多，能让客人遍尝几十种鸡肴而无重复之感，几乎每个有名的酒店都有自己创制的招牌鸡。

作为四大菜系之一，广义的粤菜即广东菜，由广州、潮州、东江三地特色菜发展而成，是起步较晚的菜系，但它影响极大，香港、澳门及世界各国的中菜馆，多数是以粤菜为主。粤菜是国内民间第二大菜系，地位仅次于川菜，在国外是中国的代表菜系。粤菜以广府风味为代表，此外还有客家风味和潮汕风味。

（1）广府风味。以广州菜为代表，集南海、番禺、东莞、顺德、中山等地方风味的特色，主要流行于广东中西部、香港、澳门、广西东部。

广府菜注重质和味，口味比较清淡，力求清中求鲜、淡中求美，而且随季节时令的变化而变化，夏秋偏重清淡，冬春偏重浓郁。食味讲究清、鲜、嫩、爽、滑、香；调味遍及酸、甜、苦、辣、咸；此即所谓五滋六味。代表品种有：龙虎斗、白灼虾（见图3—3）、烤乳猪（见图3—4）、香芋扣肉、黄埔炒蛋、炖禾虫、狗肉煲、五彩炒蛇丝等。

图3—3 白灼虾

图3—4 烤乳猪

（2）客家风味。又称东江风味，以惠州菜为代表。流行于广东、江西和福建的客家地区，和福建菜系中的闽西风味较近。

客家菜下油重，口味偏咸，酱料简单，但主料突出。

喜用三鸟、畜肉，很少配用菜蔬，河鲜海产也不多。代表品种有：东江盐焗鸡、东江酿豆腐、爽口牛丸等，表现出浓厚的古代中州之食风。

（3）潮汕风味。以潮州菜为代表，主要流行潮汕地区，和福建菜系中的闽南风味较近。

潮汕菜以烹调海鲜见长，刀工技术讲究，口味偏重香、浓、鲜、甜。喜用鱼露、沙茶酱、梅羔酱、姜酒等调味品，甜菜较多，款式百种以上，都是粗料细作，香甜可口。潮州菜的另一特点是喜摆十二款，上菜次序又喜头、尾甜菜，下半席上咸点心。秦以前潮州属闽地，其语系和风俗习惯接近闽南而与广州有别，因渊源不同，故菜肴特色也有别。代表品种有：烧雁鹅、豆酱鸡、卤水拼盘、护国菜、什锦乌石参、葱姜炒蟹、干炸虾枣等。

除了粤菜，广东还有许多特色食俗让人向往。如饮茶、嗜食粥品、饮糖水等。广东人的“重汤喜粥好茶”是出了名的。“食在广东”，并非徒有虚名。

3. 川菜

川菜作为中国四大菜系之一，在烹饪史上占有极其重要的地位。它取材广泛，调味多变，菜式多样，口味清鲜醇浓并重，以善用麻辣著称，并以其别具一格的烹调方法和浓郁的地方风味享誉中外，成为中华民族饮食文化中一颗璀璨的明珠。

“天府之国”的四川以其得天独厚的物产形成和发展了我国的主要菜系之一——川菜。素有“一菜一味，百菜百味”的佳话，以麻、辣、味浓著称。川菜最大的特点在于调味。味型多样、变化精妙。烹调多用辣椒、胡椒、花椒、豆瓣酱和醋、糖来调味，调味品不同的配比，化出了鱼香、荔枝、麻辣、椒麻、怪味等各种味型，无不厚实醇浓。川菜作为中国八大菜系之一，近几年异常火爆，在全国掀起一股食辣的热潮，日益被越来越多的人所接受。

川菜，以成都菜和重庆菜为代表，各地风味比较统一，主要流行于西南地区和湖北地区，在中国大部分地区都有川菜馆。川菜是中国最有特色的菜系，也是民间最大菜系。

川菜风味包括重庆、成都、乐山、内江、自贡等地方菜的特色。

川菜在烹调方法上，有炒、煎、干烧、炸、熏、泡、炖、焖、烩、贴、爆等三十八种之多。在口味上特别讲究色、香、味、形，兼有南北之长，以味的多、广、厚著称。历来有“七味”（甜、酸、麻、辣、苦、香、咸），“八滋”（干烧、酸、辣、鱼香、干煸、怪味、椒麻、红油）之说。川菜系因此具有取材广泛、调味多样、菜式适应性强三个特征，由筵席菜、大众便餐菜、家常菜、三蒸九扣菜、风味小吃五个大类组成一个完整的风味体系。在国际上享有“食在中国，味在四川”的美誉。

川菜里最负盛名的菜肴有：干烧岩鲤、干烧鳜鱼、鱼香肉丝、怪味鸡、宫爆鸡丁、粉蒸牛肉、麻婆豆腐、毛肚火锅、干煸牛肉丝、夫妻肺片、灯影牛肉、担担面、赖汤圆、钟水饺、龙抄手等。川菜中五大名菜是：鱼香肉丝、宫爆鸡丁（见图3—5）、夫妻肺片、回锅肉（见图3—6）、麻婆豆腐（见图3—7）等。

图3—5　宫爆鸡丁

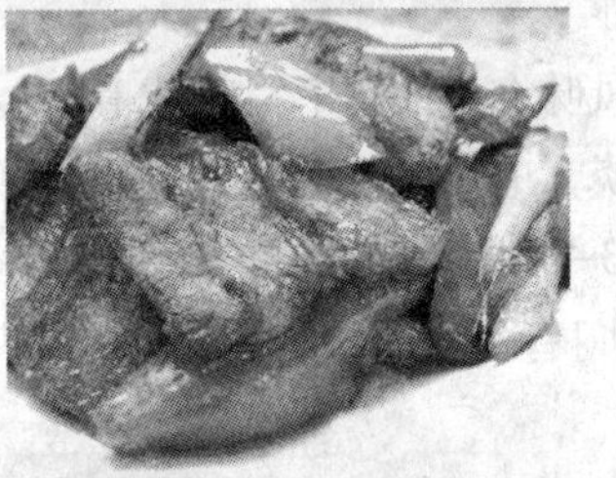

图3—6　回锅肉

图3—7　麻婆豆腐

4. 湘菜

主要由湘江流域（以长沙、湘潭、衡阳为中心）、洞庭湖区（以常德、岳阳、益阳为中心）、湘西地区（以吉首、怀化、大庸为中心）三部分地方风味所组成。口味重酸香鲜软脆。代表菜有洞庭鱼头（见图3—8）、麻辣仔鸡（见图3—9）、腊味合蒸（见图3—10）、吉首酸肉板栗烧菜心等。

图 3—8　洞庭鱼头

图 3—9　麻辣仔鸡

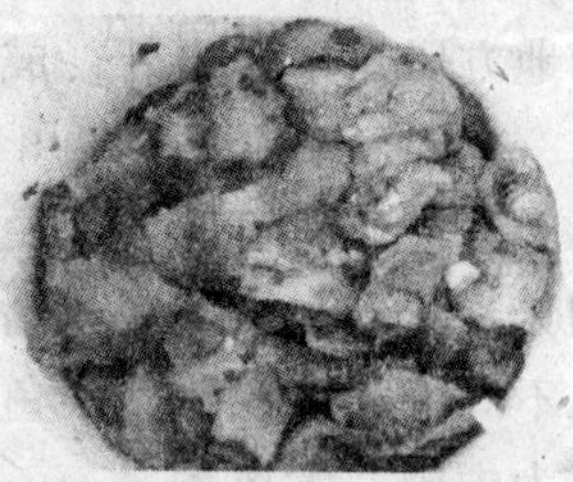

图 3—10　腊味合蒸

5. 淮扬菜

淮扬菜主要由淮扬（扬州、淮安）、江宁（镇江、南京）、苏锡（苏州、无锡）、徐海（徐州、连云港）四大部分组成。主要特点是取料不拘一格而物尽其用，重鲜活。调味重清爽、鲜淡平和（徐海以咸鲜为主）。代表菜有：三套鸭、清炖蟹粉狮子头（见图 3—11）、霸王别姬（见图 3—12）、叫花鸡、大煮干丝、松鼠鳜鱼（见图 3—13）、千层油糕等。

图 3—11　清炖蟹粉狮子头

图 3—12　霸王别姬

图 3—13　松鼠鳜鱼

6. 浙菜

浙菜有悠久的历史，它的风味包括杭州、宁波和绍兴三个地方的菜点特色。特点是：刀工讲究，制作精细，口味清淡、香脆、细嫩、酸甜、香酥绵糯，滋味浓重，具有乡土风味。代表菜有西湖醋鱼（见图 3—14）、东坡肉、龙井虾仁（见图 3—15）、杭州酱鸭（见图 3—16）、丝瓜卤蒸黄鱼、油焖春笋、蜜汁火方、冰糖甲鱼等。

图 3—14　西湖醋鱼

图 3—15　龙井虾仁

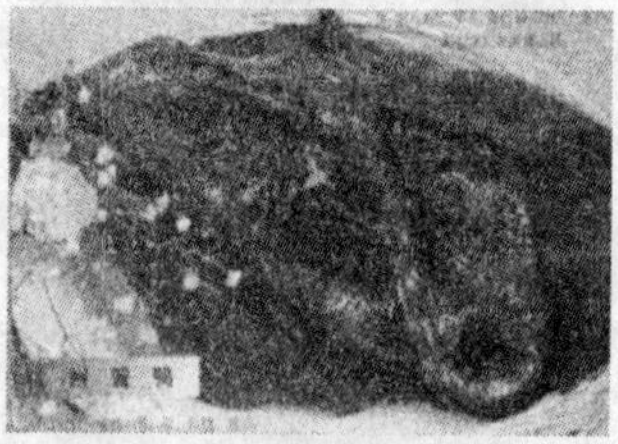

图 3—16　杭州酱鸭

7. 闽菜

闽菜是以福州、闽南、闽西三地区地方风味菜为主形成的菜系。口味福州偏酸甜，闽南多香辣，闽西喜浓香醇厚。代表菜有：佛跳墙（见图3—17）、鸡汤川海蚌、淡糟鲜竹蛏（见图3—18）、炒西施舌（见图3—19）、鸡丝燕窝、沙茶焖鸭块、荔枝肉、橘汁加吉鱼等。

图3—17 佛跳墙

图3—18 淡糟鲜竹蛏

图3—19 炒西施舌

8. 徽菜

徽菜主要由皖南、沿江、淮北三个地区的菜点特色组成，以擅长烹调山珍和河鲜而著称，口味特点突出三重：重油、重色、重火候。代表菜有清炖马蹄鳖（见图3—20）、红烧果子狸、雪东烧山鸡、葫芦鸭子、蟹黄虾盅、问政山笋（见图3—21）、无为熏鸭（见图3—22）、毛峰熏鲥鱼等。

图3—20 清炖马蹄鳖

图3—21 问政山笋

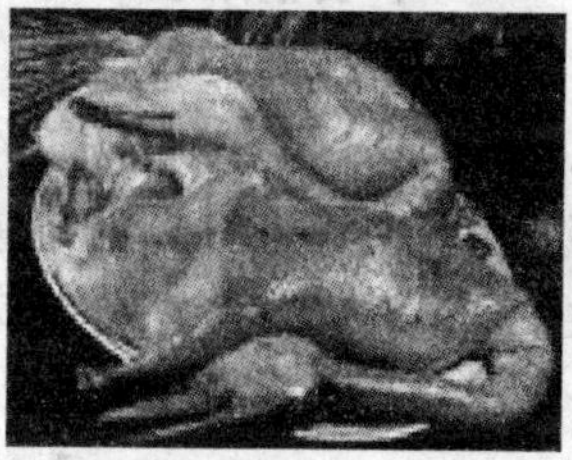
图3—22 无为熏鸭

模块二 中餐服务的基本环节

案例分析

一位翻译带领4位德国客人走进了西安某三星级饭店的中餐厅。入座后，服务员开始让他们点菜。客人要了一些菜，还要了啤酒、矿泉水等饮料。突然，一位客人发出诧异的声音。原来他的啤酒杯有一道裂缝，啤酒顺着裂缝流到了桌子上。翻译急忙让服务员过来换杯。另一位客人用手指着眼前的小碟子让服务员看，原来小碟子上有一个缺口。翻译赶忙检查了一遍桌上的餐具，发现碗、碟、瓷勺、啤酒杯等物均有不同程度的损坏，上面都有裂痕、缺口和瑕疵。

翻译站起身把服务员叫到一旁说："这里的餐具怎么都有毛病？这可会影响外宾的情绪啊！""这批餐具早就该换了，最近太忙还没来得及更换。您看其他桌上的餐具也有毛病。"服务员红着脸解释着。"这可不是理由啊！难道这么大的饭店连几套像样的餐具都找不出来吗？"翻译有点火了。"您别着急，我马上给您换新的餐具。"服务员急忙改口。翻译和外宾交谈后又对服务员说道："请你最好给我们换个地方，我的客人对这里的环境不太满意。"试分析服务员该如何处理。

分析提示

经与餐厅经理商洽，最后将这几位客人安排在小宴会厅用餐，餐具也使用质量好的，并根据客人的要求摆上了刀叉。望着桌上精美的餐具，喝着可口的啤酒，这几位宾客终于露出了笑容。

一、餐前准备工作

在餐厅开门营业前，服务员有许多工作要做。首先是接受任务分配，了解自己的服务区域，然后检查服务工作台和服务区域，熟悉菜单及当日的特选菜，了解重点宾客和特别注意事项等，充分的餐前准备工作是良好的服务、有效经营的重要保证，因此是不可忽视的重要一环。餐前准备环节包括着装上岗、任务分配、环境准备、熟悉菜单、餐前短会五个方面。

1. 着装上岗

作为餐厅服务员，上班时首先应按规定着装。

（1）工作服穿着规定。穿好工作服，佩戴好领带（领结）、丝巾、帽子，并将工牌戴在左胸上方，这样便于客人辨认。鞋袜、鞋面应保持干净，丝袜不能有破洞或挑丝。工作服穿着示例如图 3—23 所示。

（2）整理仪容。检查个人卫生，保持面部干净、口腔清洁；脸部化妆要清爽淡雅，自然大方，不可浓妆艳抹；服务时将头发按规定塞入发网；不能留长指甲，不可涂有色指甲油。图 3—24 所示为头饰示例。

（3）佩戴饰物。工作中，除可戴手表外，不宜戴戒指、手镯、耳环等饰物；若戴发饰，一律选用黑色、藏蓝色且无花色图案的发饰。

（4）检查自己的微笑。着装检查完毕，面对穿衣镜检查自己的微笑。让新的一天从

图 3—23　工作服示例

图 3—24　头饰示例

微笑开始，在微笑中倾注一份真诚，用微笑去感染每一位客人。

2. 任务分配

任务分配一般是在服务员签到后自行从公告栏上了解，餐厅经理有时也会作特别的交代。服务员接到自己的任务分配后，要了解本区域的台子是否有客人已经预订、客人是否有特别要求，放留座卡；了解本区域是否有重要宾客，并严格按餐厅的吩咐做准备。

做后台服务工作的服务员通常相对固定，如餐具室、洗涤间等处的服务员应按规定的程序在规定的时间内完成准备工作。

3. 环境准备

（1）准备餐桌。服务员开餐的第一个责任就是检查其值台的区域，检查餐桌与椅子的布局是否合理美观。其次为已经预订席位的客人安排好足够坐位的餐桌。如图 3—25 所示。

在摆放餐具前，要用清洁剂和温水溶液里浸泡过的抹布擦洗餐桌，清除有黏性的地方。

（2）铺台布。台布分为圆桌台布和方桌台布。台布的颜色和质地有很多种，铺台前要根据周围的环境来选用，此外还要根据桌子的形状和大小，选择合适规格的台布。如图 3—26 所示。服务员在铺台布前要检查台布是否干净整洁、无污迹、无破损，一旦发现要及时调换。

（3）摆台。当台布合适地铺好后开始摆台。根据餐别按照服务规格摆好餐具和台上用品。摆好餐台后，必须仔细检查一次，以确保所有的桌上用品都是干净齐全的，并且是按照规格摆放的。如图 3—27 所示。

（4）准备餐具柜。一个餐厅至少要有一个餐具柜，许多餐厅往往是一个服务区域一个餐具柜。餐厅餐具柜用于储藏服务设备，放在靠近服务区的地方，它可以避免频繁地往来于餐厅和厨房之间取餐具、台料等用品。服务员在开始营业前要负责将各种餐具、调料和服务用品领来储存在本区域的餐具柜中。如图 3—28 所示。不同餐厅所配备的餐具储存柜的物品是不一样的。

图 3—25　准备餐桌

图 3—26　铺台布

图 3—27　摆台

图 3—28　准备餐具柜

1）餐具要备到每个区域所管辖用餐具的 3 ~4 倍。

2）备餐柜统一摆放整齐。

上左抽屉：筷子、餐巾纸。

上右抽屉：汤勺、漏勺、调羹、白酒杯、牙签。

下左抽屉：茶杯、杯碟、饭碗。

下右抽屉：水杯、红酒杯。

最下：卫生桶、卫生布、垃圾袋。

餐厅的餐具柜就在客人的眼皮底下，容易被客人看得一清二楚，所以服务员必须养成保持餐柜整齐、整洁的习惯，要随时清理。服务员应不停地将脏的餐具用托盘收回洗碗间，餐具柜内的摆放也应分类、整齐存放，以避免翻找餐具造成的噪声，在餐具柜操作必须保持轻声，以避免影响客用餐。

4. 熟悉菜单

菜单是一家餐厅的招牌，它往往能体现出饭店的特色、档次和服务水平。如图 3—29 所示。服务员对本店的菜单是否熟悉，直接影响着服务质量与经营效果。首先，熟悉菜单可以方便推销。餐厅服务员在介绍推销其菜肴时就好比是商品的售货员，而菜单上的食品菜肴就是你的产品，你对产品的了解会影响你销售产品的能力。当一个售货员不了解其商品，不会向顾客介绍商品时，顾客常常会拒绝购买这种商品，因此，你能否为餐厅打开销路，取决于你对菜单的认识。其次，对菜单的了解将有助于服务员向客人提供建议。当顾客置身于异国他乡，对当地菜色所知无几时，常常乐于从服务员那里得到帮助，这时菜单知识将发挥作用。同时，对菜单的了解还会有帮助服务员回答客人提出的各种问题。因此，开餐前，餐厅服务员应熟悉当日菜单、品种、价格、主料、辅料、口味特点、基本烹制过程和方法、烹制时间、菜肴典故等，以及受季节变化不供应的菜品和当天推销的新菜品。

5．餐前短会

在完成各项准备工作，餐厅即将营业前的30分钟左右，要举行一次餐前会，一般由餐厅经理或领班负责。如图3—30所示。

图3—29　菜单

图3—30　餐前短会

餐前短会的内容如下：

（1）检查服务人员的仪表、仪容及服务工具是否备好。

（2）了解厨房当天菜点水果供应情况和当天特色菜肴的原料、口味及烹饪方法等。

（3）介绍客人情况以及重要客人的接待工作。

（4）向服务员说明客人的投诉及处理解决方法。

（5）总结前一天的工作，讲解当日工作要点。

（6）其他部门对本部门的意见及请求协作事项。

餐前短会结束后，值台服务员、引座员、收银员等前台服务人员迅速进入工作岗位，准备开门营业。

总之，餐厅服务员要以旺盛的精神、充沛的体力、清晰的思维、敏捷的动作，有条不紊地做好餐前各项准备工作。

［技能实训　餐前准备］

【实训目的】

通过对餐前准备基础知识讲解和餐前准备操作技能的训练，使学生能够意识到餐前准备的重要性，了解餐前准备的内容，掌握餐前准备的操作程序与标准，为接下来的服务工作打下良好的基础。

【实训方法】

设计模拟场景，教师边讲授边示范，然后学生操作，教师再进行指导。学生之间相互点评。

【实训器具】

餐具：餐碟、味碟、汤碗、汤勺、筷子等。

用具：台布、餐巾、小毛巾、花瓶、调料瓶、牙签筒、烟灰缸、冰桶、备餐柜、菜单等。

酒具：水杯、葡萄酒杯、烈性酒杯等。

【实训内容】

餐前准备

【程序与操作标准】

餐前准备程序与操作标准见表3—1。

表3—1　　餐前准备程序与操作标准

程序	服务标准
餐前会	由餐厅经理或领班负责，总结前一天的工作，讲解当日工作任务
员工准备	员工按餐厅规定着装、化妆
餐厅摆台准备	①餐具定位准确 ②餐具距离相等 ③餐厅所有餐具横竖呈一直线 ④餐具干净卫生，无破损 ⑤擦拭各种餐具
餐厅卫生准备	①餐厅大门及周围环境干净整齐 ②地毯（地面）干净，无杂物 ③备餐柜内外干净，物品齐全 ④台布干净，无皱褶 ⑤服务车干净，无异味 ⑥沙发桌椅干净，无痕迹 ⑦转盘干净明亮，转动自如 ⑧客用通道及卫生间清洁卫生
备餐柜准备	物品齐全，分类摆放，干净整齐，使用方便
检查设备	开餐前1小时检查所有照明设备、空调、背景音乐开关及音响设备是否正常，发现问题及时报修

续表

程序	服务标准
检查预订摆台	①所摆餐位是否符合预订人数 ②指示牌是否干净，内容是否正确 ③餐台鲜花新鲜、美观，无客人禁忌 ④客用菜单干净，内容正确无误
打开餐厅大门	如无特殊情况，一般午餐在11点整，晚餐在下午5点整，由引位员提前5分钟打开餐厅大门，准备迎接客人

【要点提示】

1．餐前准备工作要充分、细致。

2．餐厅环境卫生、餐具卫生、个人卫生是餐前准备的重要工作，应十分注意。

3．注意餐前会信息传达要翔实、准确。

二、迎宾服务

1．热情迎宾

迎宾工作是客人到达餐厅时的第一站，餐厅一向极其重视而指定专人负责，经常由领班或女引位员担任此项工作。迎宾员有礼貌地迎接及恭送顾客，往往会使顾客对餐厅留下良好的印象。如图3—31所示。

图3—31　迎宾

（1）当客人来到餐厅时，引位员要热情礼貌地问候客人。可说：“早上好/晚上好，先生、小姐，欢迎光临××餐厅。请问几位？/请问需要几个人的餐桌？”问候客人时应注意遵循女士优先的原则，如是常客或贵宾，应以姓或职务尊称客人。

（2）询问客人有无预订。如果客人有预订，应询问预订的单位名称或客人姓名，以及预订的人数等情况，并迅速与预订单核对后，引领客人至预先安排好的餐桌。如客人还未订桌，则应询问客人用餐人数，引领客人到满意的餐桌。

（3）询问客人是否吸烟。如客人不吸烟要为客人安排在无烟区就座。

（4）接挂衣帽。当天气寒冷，客人穿戴较多时，引位员应主动提示客人是否将外衣或帽子存放在衣帽间里。接挂衣帽时注意外衣应拿衣领，切勿倒拿以免袋内的物品掉出；提醒客人贵重物品应随身携带，并及时将存衣牌交给客人；如是贵宾，应记住客人及其衣帽的特征（一般不使用存衣牌）。衣帽存放服务在有的餐厅有专设的衣帽间服务员提供，有的餐厅则由迎宾员兼做此项工作。

2. 引宾入座

（1）引位员右手拿菜单，左手为客人指示方向，要四指并拢手心向上，同时说："请跟我来/请这边走。"

（2）引领客人进入餐厅时要和客人保持1米左右的距离。将客人带到餐桌前，并征询客人意见："您喜欢这张餐桌吗？"如客人有异议，则应重新安排客人至喜欢的餐桌。

（3）拉椅的要领是：两手和右脚尖将椅子稍微后撤，然后向前轻推，使客人放心坐下。

（4）引位员将就餐人数及客人姓名的信息告知服务员，以便服务员提供有针对性的礼貌服务。与服务员交接后，引位员应迅速返回餐厅门口，记录桌号与客人人数，准备迎候下一批客人。

（5）合理引座的要求。

1）一张餐桌只安排同一批的客人就座。

2）要按照一批客人的人数去安排合适的餐桌。

3）吵吵嚷嚷的大批客人应当安排在餐厅的包房或餐厅靠里面的地方，以免干扰其他客人。

4）老年人或残疾人尽可能安排在靠餐厅门口的地方，可避免多走动。

5）年轻的情侣可安排在安静及景色优美的地方。

6）服饰漂亮的客人可以渲染餐厅的气氛，可以将其安排在餐厅中引人注目的地方。

3. 接受点菜

客人坐下后，应将菜单送上征求点菜。客人点菜一般从女宾开始，按顺时针方向进行。服务员应站在客人左侧，与客人保持一定距离，腰部稍微弯一下，手持点菜簿，认真倾听客人选定的菜点名称，并适时向客人介绍、推销菜点。如点的菜已暂时售完，应立即向客人表示歉意，并婉转地向客人建议其他类似的菜肴。如有些菜烹制时间较长，应向客人说明原因。服务员要做到神情专注，有问必答，百问不烦，主动推销。当客人点完菜后，要将记录下的菜点复述核对一遍。如准确无误，将点菜单第一联（白）送收银员算账，第二联（红）送厨房备餐，第三联（蓝）送传菜员，第四联（黄）服务员留着核对菜点。点菜单的示例如下：

点　菜　单

No.：0007611

台号：　　　　　日期：　　　　　人数：　　　　　经手人：

品　　名	单　　价	数量

第一联（白）收银员　　第二联（红）厨房　　第三联（蓝）传菜　　第四联（黄）服务员

【技能实训　迎宾服务】

【实训目的】

通过对迎宾服务基础知识的讲解和迎宾服务操作技能的训练，使学生了解引领客人、安排客人坐位的技巧，掌握迎宾服务的程序与标准，达到能够热情、准确、熟练迎接宾客的能力要求。

【实训方法】

按中式零点餐迎宾服务的方式、内容等设计模拟场景。教师先示范，然后学生模拟，教师再指导。学生相互点评。

【实训器具】

实习餐厅、桌椅、餐具、菜单、笔、迎宾记录本等。

【实训内容】

1. 餐厅有坐位时的迎宾服务

2. 餐厅已满时的迎宾服务

【程序与操作标准】

1. 餐厅有坐位时的迎宾服务

（1）服务程序与标准见表3—2。

表3—2　餐厅有坐位时的迎宾服务程序与标准

程序	服务标准
迎接客人	客人来到餐厅时，引位员应面带微笑主动上前问好
引位	①如客人已预订，引位员应热情地引领客人入座 ②如客人没有预订，引位员则礼貌地将客人安排到满意的餐台 ③引领客人时，应走在客人右前方1米处且不时回头，把握好客人与自己的距离
拉椅让座	①当引位员把客人带到餐台边时，让座，且不时回头，把握好客人与自己的距离，服务员应主动上前问好并协助为客人拉椅让座，注意女士优先 ②站在椅背的正后方，双手握住椅背的两侧，后退半步的同时，将椅子拉后半步；用右手做请的手势，示意客人入座 ③在客人即将坐下的时候，双手扶住椅背的两侧，将椅子轻轻往前送，用右腿顶住椅背，手脚配合使客人不用自己挪动椅子并能恰到好处地入座 ④拉椅、送椅的动作要迅速、敏捷，力度要适中、适度
送上菜单	①引位员在开餐前应认真检查菜单，保证菜单干净整洁，无破损 ②按引领客人人数，拿取相应数量的菜单 ③当客人入座后，打开菜单的第一页，站在客人的右后侧，按女士优先的原则，依次将菜单送至客人的手中
服务茶水	①服务茶水时，应先询问客人喜欢用何种茶，适当作介绍并告之价位 ②按照先宾后主的顺序为客人倒茶水 ③在客人的右侧倒第一杯礼貌茶，以八分满为宜 ④为全部客人倒完茶，将茶壶添满水后，放在转盘上，供客人自己添茶
服务毛巾	①根据客人人数从保温箱中取出小毛巾，放在毛巾篮中用毛巾夹夹平 ②服务毛巾时，站在客人右侧 ③按女士优先、先宾后主的原则依次送上 ④热毛巾要抖开后放在客人手上 ⑤冷毛巾直接放在客人右侧的毛巾盘中 ⑥客人用过毛巾后，征询客人同意后方可撤下 ⑦毛巾要干净无异味，热毛巾温度一般保持在40℃

续表

程序	服务标准
铺餐巾	①依据女士优先、先宾后主的原则为客人铺餐巾 ②一般情况下应在客人右侧为客人铺餐巾，如果在不方便的情况下（如一侧靠墙），也可以在客人左侧为客人铺餐巾 ③铺餐巾时应站在客人右侧，拿起餐巾，将其打开，注意右手在前，左手在后，将餐巾轻轻铺在客人腿上，注意不要把胳膊肘送到客人的面前（左侧服务则相反） ④如有儿童用餐，可根据家长的要求，帮助儿童铺餐巾
撤、加餐具	①按用餐人数撤去多余餐具（如有加位则补上所需餐具），并调整坐椅间距 ②如有小孩就餐，需搬来加高童椅，并协助小孩入座
撤筷套	①在客人的右侧，用右手拿起带筷套的筷子，交于左手，用右手打开筷套封口，捏住筷子的后端并取出，摆在桌面原来的位置上 ②每次脱下的筷套握在左手中，最后一起撤走
记录	在协助服务员完成上述服务后，引位员回到迎宾岗位，将客人人数、到达时间、台号等迅速记录在迎宾记录本上（见表3—3）

表3—3　　　　迎宾记录表

年　　月　　日　　　星期

餐别	预订客人			零散客人			人数总计
	人数	时间	台号	人数	时间	台号	
早餐							
午餐							
晚餐							
合计							

注：(1) 每天统计一张。

(2) 人数统计可细分忠诚客人、住店客人、店外客人等。

(3) 时间统计可划分时段统计。

(4) 台号统计可了解区域流动和热门餐桌。

(2) 模拟对话。

模拟对话1

迎宾员：晚上好！先生请问您有预订吗？
客　人：我今天早上打电话预订了。
迎宾员：请问先生贵姓？订的几人位？
客　人：我姓章，订的 4 人位。
迎宾员：好的，请稍候（检查预订记录，查找相关记录）。
迎宾员：先生，麻烦您告诉我，您预订时留下的联系方式。
客　人：1366086 ××××。
迎宾员：（核对）谢谢！有您的预订记录。这边请！

模拟对话 2

（一位女士穿着一件毛皮大衣走进餐厅）
引位员：晚上好，女士。请问您有预订吗？
客　人：我的朋友已经来了很久了（一位客人向她示意）。
引位员：对不起，女士，请您把毛皮大衣寄存一下好吗？
客　人：我为什么要交给你们保管？我不喜欢这样。
引位员：（有礼貌地微笑）您的大衣长了一些，如果用餐期间弄上汤汁或打掉碟盘，也许会弄脏您的大衣，影响您的就餐。
客　人：难道我必须按照你的要求去做吗？
引位员：我只是建议您这样做，这是我的职责所在。我们餐厅的信誉一直很好，同客人的关系十分融洽，我们一定会保管好您的物品，您用过餐之后会立即给您拿过来。
客　人：（脸上露出笑容）看到你如此真诚的服务态度，我想我再没有拒绝的理由了。
引位员：谢谢您的配合，同时祝您用餐愉快！

2. 餐厅已满时的迎宾服务

（1）服务程序与标准见表 3—4。

表 3—4　　餐厅已满时的迎宾服务程序与标准

程序	服务标准
迎接客人	客人来到餐厅时，引位员应面带微笑主动上前问好。
服务	①礼貌地告诉客人餐厅已满 ②询问客人是否可以等待，并告之大约等待时间 ③安排客人在休息处等待，为客人服务茶水 ④与餐厅及时沟通，了解餐位情况，以最快速度为客人准备好餐台 ⑤为客人送上菜单，可提前为客人点菜

（2）模拟对话。

引位员：	晚上好！先生请问您有预订吗？
客　人：	没有，现在有位置吗？
引位员：	对不起，先生。现在客人已满，不知您是否可以等一下，如果有空位我们会及时为您服务的。
客　人：	大概需要多久？
引位员：	15 分钟左右，您看可以吗？
客　人：	如果我们愿意等，您能否为我们安排坐位？
引位员：	我会尽全力为您服务的。请您先到那边休息处等待一下，喝杯茶好吗？顺便先看一下菜单，一会儿服务员会先为您点菜，一有空座我会及时通知您的。
客　人：	好的，谢谢。
引位员：	不客气，请随我来。（引领客人到休息处）

三、就餐服务

就餐服务即台面服务，是指把客人点的食品、饮料送到餐桌，并在整个进餐过程中，为满足客人用餐需要而提供的服务。

1. 上菜服务

（1）上菜顺序。不同种类的宴会，上菜的程序是不完全一样的，但从总体上说，中餐上菜的程序是基本固定的。中餐上菜的顺序为：冷盘→热菜→炒菜→大菜→汤菜→炒饭→面点→水果。

（2）上菜时机和服务位置。

1）上菜时，可以将凉菜先行送上席。当客人落坐开始就餐后，餐厅服务员即可通知厨房做好出菜准备，待到凉菜剩下 1/3 左右时，可送上第一道热菜。当前一道菜快吃完时，餐厅服务员就要将下一道菜送上，不能一次送得过多，使宴席上放不下，更不能使桌上出现菜肴空缺的情况，这既容易使客人感到尴尬，也容易使客人在饮过酒后，没有菜可供及时下酒，使客人喝醉。

2）餐厅服务员给客人提供服务时，一般要以第一主人作为中心，从宴席的左侧位置上菜，从宴席的右侧位置撤盘。上菜或撤盘时，都不应在第一主人或主宾的身边操作，以免影响主客之间的就餐和交谈。

另外，上主食和汤的时间要视客人用餐情况和要求而定。

（3）上菜中的习惯与礼貌。

1）菜肴上有孔雀、凤凰图案的拼盘应当将其正面放在第一主人和主宾的面前，以方便第一主人与主宾欣赏。

2）第一道热菜应放在第一主人和主宾的前面，没有吃完的菜则移向副主人一边，后面菜可遵循同样的原则。

3）遵循“鸡不献头，鸭不献尾，鱼不献脊”的传统礼节，即在给客人送上鸡、鸭、鱼一类的菜时，不要将鸡头、鸭尾、鱼脊对着主宾。而应当将鸡头与鸭头朝右边放置。上整鱼时，由于鱼腹的刺较少，肉味鲜美腴嫩，所以应将鱼腹而不是鱼脊对着主宾，以表示对主宾的尊重。

4）服务员上最后一道菜肴时应该提醒客人“您的菜已经上齐了，请慢用”或“您的菜已经上齐了，请问还用点什么?”等，让客人心中有数。

2. 值台服务

菜上餐桌后，客人在用餐时，餐厅服务员应该不断地主动为客人服务，以体现其良好的服务素质。餐厅服务员应该在所负责的餐台附近巡视，以及时发现客人的需求。客人盘中有了骨、刺等应马上主动上前更换餐碟，客人烟灰缸中有了烟蒂，应立即更换干净的烟灰缸；客人的杯中没有酒了，应马上为客人添加。在规定的时间内，如发现客人所选菜品没有上齐，要立即与传菜员联系，尽快上菜；客人食用海鲜类菜肴时，要及时送上洗手盅和小毛巾或餐巾纸；注意观察客人就餐时是否需要增加一些食品和饮料。

温馨提醒

食物从客人左边用右手送上。

饮料从客人右边用右手送上。

用过的餐具都从客人右边撤下。

先撤盘，后上菜。

【技能实训　就餐服务】

【实训目的】

通过对就餐服务基础知识的讲解和就餐服务操作技能的训练，使学生了解就餐中为客人上菜、分菜、上酒水、席间服务的基本内容，掌握就餐服务的程序与标准，达到能够为客人提供满意、熟练而准确的就餐服务的能力。

【实训方法】

按中式零点餐客人就餐的方式、内容等设计模拟场景。教师先讲解、示范，然后学生模拟操作，教师再进行指导。可以按角色扮演法进行就餐服务模拟训练，学生分组进行，相互点评，教师最后总结。

【实训器具】

方台（100 厘米 ×100 厘米）2 张，靠背椅 4 张，水杯 4 只，白餐巾 4 条（折好餐花），白台布（160 厘米 ×160 厘米）2 块，骨碟 4 个，筷架 4 个，筷子 4 双，中等圆形托盘 2 个等。

【实训内容】

就餐服务

【程序与操作步骤】

1. 就餐服务程序与标准（见表3—5）。

表3—5　　就餐服务程序与标准

程序	服务标准
上菜服务	①服务技巧同上菜服务技能 ②把握上菜时机，合理适时分菜
餐桌卫生清洁	①时刻保持餐台清洁卫生，出现杂物或空盘应征得客人同意后及时撤去 ②如果餐桌台面上有剩余食物，要用专用的服务用具，切忌不可用手直接操作
撤换餐用具	①撤换餐盘时，要待客人将盘中食物吃完时方可进行，如客人放下筷子而菜未吃完，应征得客人同意后才能撤换 ②按先宾后主的顺序依次撤换 ③使用托盘撤换时，先在客人的左侧送上干净的餐盘，再在客人的右侧撤下脏的餐盘，左手托盘，右手撤餐具，动作要轻、稳 ④徒手撤盘时，应站在客人右侧，用右手撤下，将其放入左手托盘内，左手要移到客人身后 ⑤将用过的餐具及时撤下
烟灰缸的撤换	①在客人的烟灰缸有两个烟蒂或有明显的杂物时就要给客人撤换 ②撤换时，应用托盘托上干净的烟灰缸，用右手的拇指和中指捏紧一个干净的烟灰缸的外壁，从客人的右侧将干净烟缸覆盖在已用过的烟灰缸上 ③将两只烟灰缸同时移入托盘，然后再将干净的烟灰缸放回餐桌上，这样可以避免烟灰飞扬、污染菜点或落到客人身上
香烟服务	①服务员左手持火柴盒，右手的食指和拇指持火柴底部，由外向里将火柴头在盒侧磷面上划燃 ②右手除食指、拇指外的其余三个指头稍向内呈弧形，避免划燃的火苗被风吹灭或火柴棍断裂，火星溅出发生意外 ③在划火柴的过程中，服务员应侧身避开，待火柴完全燃烧后再送到客人面前 ④点着香烟后，摇熄或吹熄火柴 ⑤使用打火机为客人点烟时，须事先对其火焰进行检查 ⑥操作时用右手握打火机，大拇指按住打火机开关，在客人侧面将火打着再从下往上移送过去
酒水服务	①随时观察客人用酒情况，在客人饮用剩至1/3时，及时斟酒 ②掌握客人酒水情况，及时推销，提供添酒服务
加菜的处理	①服务员应细心观察分析，主动了解客人加菜的目的，客人提出加菜的原因有三：所点的菜不够吃；想买菜带走；对某一道菜特别欣赏，想再吃一道 ②主动介绍菜肴，帮助客人选择菜肴 ③根据客人的需要开单下厨

2. 模拟对话

服务员：	先生有什么要吩咐的吗？
客　人：	是的，请先看一下这份虾，这是陈虾。
服务员：	很遗憾这样的事情发生在我们这里，因为我们总是当天从市场购进鲜虾。我马上将这件事报告给厨师长。
客　人：	现在根本没有用，我可没有那么多的时间。
服务员：	实在对不起。您再尝一下别的可以吗？
客　人：	给我换份排骨吧！记住这次做得好些，我可没有时间换来换去。
服务员：	（几分钟后，服务员将排骨端上来）很抱歉让您久等了。这排骨还对您的口味吧？
客　人：	这次好多啦。
服务员：	谢谢。请您慢用。
	（几分钟后，服务员又端着一份虾来到客人面前）
服务员：	厨师长让我告诉您这份虾是厨房赠送的。请您再尝一下，多提宝贵意见。
客　人：	（惊讶地）怎么，我已经不要这份虾了，不过我还是可以试一试。这次真的好多了。
服务员：	厨师长说这份虾比上一份做得火大一些。不过事实上两份虾都是用今天的同一批虾烹制出来的。
客　人：	太谢谢你们了。我对刚才所说的话向您表示抱歉。
服务员：	没关系。很高兴您能满意今天的菜肴，请慢用！

四、餐后结束工作

想一想

发现未付账的客人离开餐厅时，怎么办？

1. 结账收款

结账在服务工作中是一件看起来很细微但却很重要的环节。客人在享受了满意的佳肴和优质的迎宾、餐前、餐中服务之后，如果在结账环节上出现小的纰漏，那么之前的满意就会大打折扣，因此应该相当重视。

（1）取账单。当客人用餐完毕示意结账时，服务员应迅速到收款台领取客人账单。认真核对主账单和各分单所开项目与价格是否相符。将账单放入账夹内，并准备结账用笔。客人账单示例见表3—6。

（2）递送账单。服务员为客人结账时，应站在结账客人的右侧，躬身礼貌地将账夹打开递给客人，并说明是该客人用餐账单。如客人未看账单，可用手为客人指一下价钱，或小声把价钱读给客人听。是否需要为客人读出消费金额，可遵循行业的具体服务程序，也可视具体情况而定。

表 3—6　　　　　　　　　　　　　　客人账单示例

日期：	服务员：	台号：	顾客人数：	账单编号：
编号	菜肴名称	单位	数量、规格	金额
小计				
食品			房号或账号 签名：	
饮料				
酒水				
烟				
其他				
合计				

（3）结账。

1）现金结账。如客人以现金结账，应立即点清钱币后交收款员，如需找钱，示意客人稍等片刻。服务员用账夹把从收款台找回的零钱及账单存联和发票交给客人，并对客人的光临表示感谢。结账过程须注意认真识别真假币。

2）支票结账。如客人以支票结账，应礼貌地请客人在支票后面签上姓名、地址及联系电话，并出示身份证。收款员结账后服务员将发票送给客人，并对客人表示感谢。

3）信用卡结账。如客人以信用卡结账，服务员应确认客人出示的信用卡是否被饭店所接纳，核对卡的有效期限，然后礼貌地请客人出示身份证并在账单上签名，将信用卡、账单及身份证交收款员处理后，再把信用卡签付单及笔递交客人签名，如客人签名与信用卡一致，则将所有证件、签付单存联及发票交还给客人，对客人的光临表示感谢。

4）签单结账。如客人是住店客人，并表示签单时，服务员应递上笔，礼貌地要求客人出示开房欢迎卡并在账单上签名，写上房号，然后将房卡及账单交收款员处理，核对无误后再将房卡递还给客人并致谢。

2. 拉椅送客

餐饮服务中有一个众人皆知的公式“100－1＝0”。但现在很多餐厅只注重迎接客人，却很少注意送走客人。其实，在实际经营中，送客服务是非常关键的。因为客人在此消费后，如果走时没人送或没人理会，就会有一种失落的感觉，可能下次就不会再光顾了。另外，客人在消费后可能会有很多好的意见和建议。如果在送客时得到及时反馈，我想对经营者来说是相当宝贵的。所以，送客服务是必须的，也是优质服务的最好体现。

客人准备离开时，服务员上前为客人拉开坐椅。客人起身后，向客人致谢并提醒客人不要遗漏物品。客人离座后应视具体情况目送或随送到餐厅门口，并向客人致谢道别。

3. 收台

清理台面，按先口布、毛巾，后酒水杯、碗碟、筷子的顺序分类收拾，撤走餐桌上的所有餐具，送去清洗。及时翻台，迎接下一批客人用餐。

注：收台时要检查有无客人遗留的物品，如有，应及时送还客人。无法送还时应交主管处理。

【技能实训　结账与收银服务】

【实训目的】

通过对结账与收银服务基础知识讲解和操作技能的训练，使学生了解结账的种类、要求，掌握结账与收银的服务程序与标准，达到能熟练而准确地为宾客结账的能力要求。

【实训方法】

按中式零点餐客人结账的方式、内容等设计模拟场景。教师先讲解、示范，然后学生模拟操作，教师再指导。

【实训器具】

结账单、现金、支票、信用卡、账单夹、结账用笔等。

【实训内容】

结账与收银服务

【程序与操作步骤】

1. 结账服务程序与标准（见表3—7）

表3—7　　结账服务程序与标准

程序	服务标准
结账准备	①在给客人上完菜后，服务员要到账台核对账单 ②当客人要求结账时，请客人稍候，立即去收银处取回账单 ③服务员告诉收款员台号，并核查账单台号、人数、食品及饮品消费额是否准确无误 ④将账单放入账单夹内，确保账单夹打开时账单正面朝向客人 ⑤注意先上小毛巾、后递账单 ⑥随身准备结账用笔
递交账单	走到主人右侧，打开账单夹，右手持账单夹上端、左手轻托账单夹下端，递至主人面前，请主人检查，注意不要让其他客人看到账单，并对主人说："这儿是您的账单"

续表

程序	服务标准
现金结账	①客人付现金时，服务员要礼貌地在餐桌旁当面点清钱款 ②请客人等候，将账单及现金递给收款员 ③核对收款员找回的零钱及账单上联是否正确 ④服务员站在客人右侧，将账单上联及所找零钱夹在账单夹内，递给客人 ⑤现金结账应注意唱收唱付 ⑥真诚感谢客人 ⑦在客人确定所找钱数正确后，服务员迅速离开客人餐桌
支票结账	①支票结账，应请客人出示身份证或工作证及联系电话，然后将账单及支票、证件同时交给收款员 ②收款员结账完毕后，记录证件号码及联系电话 ③服务员将账单第一联及支票存根核对后送还给客人，并真诚地感谢客人 ④如客人使用密码支票，应请客人说出密码，并记录在一张纸上，结账后将账单第一联、支票存根、密码纸交与客人并真诚地感谢客人 ⑤使用旅行支票结账，服务员需礼貌地告诉客人到外币兑换处兑换成现金后再结账
信用卡结账	①如客人使用信用卡结账，服务员请客人稍候，并将信用卡和账单送回收款员处 ②收款员做好信用卡收据，服务员检查无误后，将收据、账单及信用卡夹在账单夹内，拿回餐厅 ③将账单、收据送给客人，请客人在账单和信用卡收据上签字，并检查签字是否与信用卡上一致 ④将账单第一页、信用卡收据中客人存根页及信用卡递还给客人并真诚感谢客人 ⑤将账单第二联及信用卡收据另外三页送回收银处
签单结账	①如果是住店客人，服务员在为客人送上账单的同时，应礼貌地要求客人出示房间钥匙或房卡 ②礼貌地示意客人写清房间号、用楷书签名 ③客人签好账单后，服务员将账单重新夹在账单夹内，并真诚地感谢客人 ④迅速将账单送交收银员，以查询客人的名字与房间号码是否相符

2. 模拟对话

模拟对话 1

客　人：服务员，结账。

服务员：请稍候。（取来账单）……××一份，××二份，××一份。让您久等了，一共是××元。

（客人取出钱交给服务员）

服务员：收了您××元，请稍候。

（过了一会儿）

服务员：找您××元，请您点一下。这是您的发票。（面带笑容）谢谢，希望您再次光临本店！

模拟对话 2

客　人：服务员，结账，把账单拿来。

服务员：先生，给您，一共是 978 元。

客　人：酒水算在内了吗？服务费是多少？

服务员：是的，酒水在内。我们不收取服务费，您消费的食品为 537 元，酒水为 441 元，加起来总额为 978 元。

客　人：明白了/清楚了。

服务员：您需要各项分别开票还是开一张呢？或者您可以记在住宿的总账上。

客　人：我想知道能用信用卡结账吗？

服务员：可以。请您在这里签个字。

（客人签下了自己的名字）

服务员：请您用楷书签下您的名字好吗？谢谢。请您把您的房间号也写上。

（客人按照要求签了名）

服务员：谢谢！很高兴为您服务，欢迎您下次光临！

第四单元　西 餐 服 务

模块一　西餐的特点及种类

一、西餐的特点

“西餐”，是我国对欧美地区菜肴的统称，是一个泛指。如粗略地划分，西餐大致可以分为两类：一是以英、法、德、意等国为代表的“西欧式”，又称“欧式”，其特点是选料精纯、口味清淡，以款式多、制作精细而享有盛誉；二是以前苏联为代表的“东欧式”，也称“俄式”，其特点是味道浓，油重，以咸、酸、甜、辣皆具而著称。此外，还有在英国菜基础上发展起来的“美式”。如进一步细分，则还可分为英国菜、法国菜、俄国菜、美国菜、意大利菜以及德国菜等。各国菜系自成风味，各有各的风格，其中尤以法国菜最为突出。但是从总体上看，与中餐相比，西餐至少具有以下几个显著的特点：

（1）重视营养，搭配组合。西餐极重视各类营养成分的搭配组合，充分考虑人体对各种营养（糖类、脂肪、蛋白质、维生素）和热量的需求来安排菜或加工烹调。

（2）选料精细，用料广泛。西餐烹饪在选料时十分精细、考究，而且选料十分广泛。如美国菜常用水果制作菜肴或饭点，咸里带甜；意大利菜则会将各类面食制作成菜肴：各种面片、面条、面花都能制成美味的席上佳肴；而法国菜，选料更为广泛，诸如蜗牛、洋百合、椰树芯等均可入菜。

（3）讲究调味，注重色泽。西餐烹调的调味品大多不同于中餐，如酸奶油、桂叶、柠檬等都是常用的调味品。法国菜还注重用酒调味，在烹调时普遍用酒，不同菜肴用不同的酒做调料；德国菜则多以啤酒调味，在色泽的搭配上则讲究对比、明快，因而色泽鲜艳，能刺激食欲。

（4）工艺严谨，器皿讲究。西餐的烹调方法很多，常用的有煎、烩、烤、焖等十几种，而且十分注重工艺流程，讲究科学化、程序化，工序严谨。烹调的炊具与餐具均有不同于中餐的特点。特别是餐具，除瓷制品外，水晶、玻璃及各类金属制餐具占很大比重。

二、西餐的种类

西餐是中国及其他东方国家对欧美等西方国家菜点的统称。西方国家的菜点又各有不同的风味特点。由于西方各国，或是地理位置相邻，或是历史渊源很深，在文化上也有千丝万缕的联系，在菜点制作方法上有很多共同之处。

1. 法式菜

（1）概况。法国主要是法兰西人，信奉基督教和伊斯兰教。法国农业和食品工业发达，物产较为丰富。法国的香槟酒、葡萄酒、白兰地及奶酪等比较出名。

法国人讲究饮食，路易十四曾多次在凡尔赛宫为他的300多名厨师举行烹饪比赛，获胜者由皇后授予绶带。此后的路易十五、路易十六，都崇尚美食。

（2）法式菜的特点。

1）选料广、精、鲜。一般来讲，西餐在选料上有一定的局限性，但法式菜选料却比较广泛，如各种海鲜、海味、蜗牛、野生的黑蘑菇等均用来入菜。法式菜对原料的要求也比较严格，讲究精而新鲜，不合要求的原料绝不使用，或降级使用。

2）讲究原汁原味。法式菜非常讲究少司，一般要由专门的厨师制作。有些基础汤汁要煮制8小时以上，而且根据不同的菜肴选择汤汁。

3）追求鲜嫩特点。法式菜追求鲜嫩，要求菜肴水分充足、质地嫩，如制作牛肉扒一般只要求三、四成熟，有些海鲜甚至生食。

4）喜欢用酒调味。法国盛产酒类，所以烹调中也喜欢用酒调味。他们会根据不同的菜肴选择不同的酒类，使用量也很大，以致许多法国菜都带有酒香。

（3）典型法式菜。鹅肝酱、牡蛎杯、红酒牛扒等。

2. 英式菜

（1）概况。英国主要是英格兰人，还有苏格兰、威尔士和爱尔兰人。英国人大多信奉基督教，也有部分信奉天主教。

英国人习惯早晨起床前喝浓茶，俗称“被窝茶”。英国传统早餐非常丰富，素有“丰盛的早餐”的美称。早餐一般有咸肉、烩水果、麦片粥、煎鸡蛋、果酱、面包、黄油、牛奶、咖啡等。英国人午饭比较简单，一般一汤一菜。晚餐是英国人的主餐，除一汤一菜外，还要加上沙拉和甜食。

英国有下午4点左右吃下午茶的习惯，一般是一杯红茶或咖啡，加一份点心。

（2）英式菜特点。

1）口味清淡、油少不腻。英式菜讲究清淡，很少有浓汁、浓味的菜肴。英式的汤要求没有浮油，煎鸡蛋一般煎一面，色泽雪白，盘内不能带油。

2）英式菜烹调相对比较简单。常用的烹调方法有煮、烩、炸、烤等，工艺不复杂。

3）选料不广。英国是岛国，却不讲究吃海鲜，比较偏爱禽类、羊肉、牛肉、野味等。

4）调味简单。英式菜调味很少用香料，也不大用酒，但餐桌上备有较多的调味品。

（3）典型英式菜。土豆烩羊肉、牛尾汤、烤羊马蹄、烤瓤栗子焰火鸡等。

3. 美式菜

（1）概况。美国大部分是欧洲移民的后裔，还有墨西哥人、阿拉伯人及亚洲人等。美国农业和饲养业非常发达。

美国人生活习惯比较随便，不喜欢喝茶，爱喝加冰的凉开水和矿泉水。

（2）美式菜特点。美式菜是在英式菜基础上发展起来的，但又有其自己的特点：

1）喜欢用水果做菜。美国盛产水果，美式菜的沙拉中用水果非常多。另外在热菜中也用水果。

2）甜食讲究。美式菜的甜食很讲究，如各种布丁、苹果派、南瓜派等，品种很多，而且装饰特别。

（3）典型的美式菜。菠萝焗火腿、苹果烤鸭等。

4．意式菜

（1）概况。意大利主要是意大利人，大部分信奉天主教。意大利的农业和食品业都很发达，其中面条、奶酪和萨拉米肉肠著称于世。意大利是欧洲古国，在古罗马时期曾是欧洲的政治、经济、文化中心，所以意式菜对整个欧洲的烹饪有很大影响。

意大利人喜欢吃面食，年产面条200万吨，而且品种繁多。

（2）意式菜特点。

1）讲究原汁原味。意式菜很早就讲究制作少司，后来这种做法才传入法国。注意式菜着重食物的本质，菜味浓厚。

2）注重传统菜。意式菜历史悠久，传统菜很多，在菜肴制作上比较保守。

3）面食菜肴很多。意大利的菜肴中有很多是以面条为原料的，如焗菠菜面条、通心粉沙拉等。另外，禽、肉类的菜肴也常用面条做配菜。

（3）典型意大利菜。意大利汤菜、焗菠菜面条、佛罗伦萨焗鱼、罗马式鸡、比萨饼等。

5．俄式菜

（1）概况。俄罗斯横跨欧亚大陆，地广人稀，大部分居民居住在欧洲地区。俄罗斯的农业历史悠久，但物产不够丰富。

俄式菜的形成较晚，很多菜式来自法国、波兰和意大利，然后根据自己的饮食特点，加以改变，形成本国的菜式。

（2）俄式菜特点。

1）油腻较大。由于俄罗斯气候寒冷，人们需要补充较多的热量，俄式菜一般用油比较多，多数汤菜上都有浮油。

2）口味浓厚。俄式菜口味浓厚，而且酸、甜、咸、辣俱全，喜欢吃大蒜、葱头。

3）讲究小吃。俄式小吃是指各种冷菜，其特点是生鲜、味酸咸，如鱼仔酱、酸黄瓜、冷酸鱼等。

（3）典型的俄式菜。鱼仔酱、莫斯科红菜汤、红烩牛肉、黄油焖鸡等。

模块二　西餐服务的基本环节

在欧美，晚餐比午餐更正式，更受重视，一般说午餐时间有限而晚餐时间比较长，因此晚餐便成了一日三餐中最重要的一餐——正餐服务。

下面对正餐服务的基本环节作一介绍。正餐服务的程序如下：

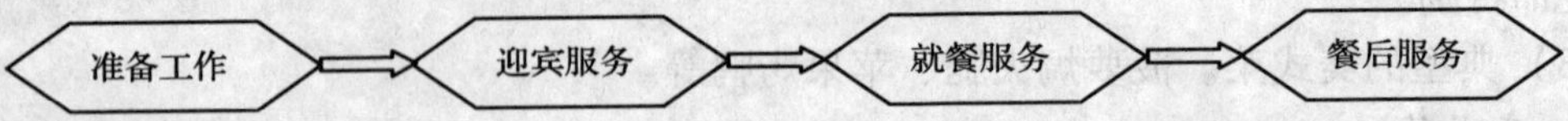

一、准备工作

1. 各项准备工作

（1）保持餐厅的整洁卫生，台椅应当摆放整齐和稳固，按照西餐摆台的标准摆好餐台。

（2）准备好干净的调酒器、咖啡炉具以及各种水杯、酒杯、餐具、银器、酱料；准备好各种酒、饮料和冰水。

（3）检查并保证音响、照明、空气调节器及一切设备运转正常。

（4）熟悉当天的特色菜肴。

2. 电话订餐服务

（1）电话铃响不能超过三次。接电话首先用英文问好：“Good evening. This is the grill room.”“My name is ××. May I help you，Miss（Sir）?”（晚上好，这是西餐厅，您要订餐吗，小姐/先生?），如果无反应，即用中文重复一次。

（2）在接受订餐时，必须问清楚顾客的姓名、订餐人数、就餐时间及房间号码。如果顾客有特殊要求（如桌的位置、特殊的菜式、生日蛋糕等），要认真记录，并将预订登记表（示例见表4—1）填写好。

表4—1　　**订餐预订登记表**

餐厅名称：　　　　　　餐别：　　　　　　日期：　　月　　日

时间	人数	联系人姓名	地址	电话号码	备注

3. 餐前会

开餐前半小时，每个服务员都要参加由餐厅经理或主管主持的餐前会。会上由经理宣布任务分工，介绍当日特别菜肴及其推销、服务，让员工了解当日客情，VIP接待注意事项，本餐厅典型事例的分析及处理，检查员工仪容仪表。服务员接受后，回到各自岗位做好开餐前准备工作。

二、迎宾服务

（1）顾客到达餐厅时，迎宾员主动上前欢迎，问清顾客是否预订了餐位。“Good evening，welcome to the grill room，have you made a reservation?”（晚上好，欢迎您来我们西餐厅，请问您订座了吗?）

（2）如果顾客已订座，迎宾员热情地引顾客入座。如果顾客没有订座，而餐厅已满座或空台还没有收拾好，迎宾员主动地介绍顾客到酒吧稍等，并推销饮品。“Would you like to have a drink in our bar? I'll call you as soon as the table is ready.”（请到我们的酒吧喝饮品好吗？如有坐位我马上来请您。）

（3）迎宾员领顾客入座，并与餐厅服务员合作帮助顾客拉椅子，帮顾客打开餐巾并点燃蜡烛。迎宾员离开时，向客人说：“Enjoy your dinner.”（请享用您的晚餐。）

三、就餐服务

（1）客人安排就坐后，服务员应用托盘送上各种饮料，按先女士后男士、再主人的顺序为客人说明名称，待客人选定后为其斟倒饮料。

（2）按汤、鱼类、副盘、主菜、甜食、水果、咖啡或茶的顺序上菜。

（3）按菜单顺序撤盘上菜。每上一道菜前，应先将用完的前一道菜餐具撤下。西餐宴会要等所有客人都吃完一道菜后才一起撤盘。撤盘后应斟上相应的佐餐酒，再上下一道菜。

（4）上甜点水果之前，撤下桌上除水杯、饮料杯以外的餐具、酒具，换上干净的烟灰缸，摆好甜品叉、匙。水果摆在水果盘里，跟上洗手盅、水果刀、叉。

（5）上咖啡或茶前放好糖缸、淡奶壶，在每位客人右上方放咖啡具或茶具，然后用咖啡壶或茶壶依次斟上咖啡或茶。

（6）高档宴会需要推酒水车送餐后酒和雪茄。

四、餐后服务

1. 结账服务

当顾客用完主菜后，餐厅领班应主动上前询问菜肴和服务质量。全部菜肴上完后，服务员准备好账单，待顾客餐毕要求结账时，问清付款方式，马上递送账单。此前领班要检查账单是否正确。账单用账单夹夹好，从主人的右边递上，并说：“Here is your bill. Thank you very much.”（这是您的账单，非常感谢。），此时不需读出金额总数。

2. 送客服务

当顾客准备起身离开时，应为顾客拉开椅子。迅速检查顾客是否有遗留的物品。将顾客送出餐厅门外，向顾客道别并欢迎其再次光临。道谢时说：“Thank you. Please come again.”（多谢光临，欢迎再来。）

送走客人后，服务员使用托盘，按照撤台的标准程序清理台面。将餐椅摆放整齐，更换台布，重新摆台。

案例分析

小金学校毕业后，在某四星级饭店的西餐部工作。首先是跟班劳动，想不到第一天上班因带班师傅请假，服务区域内仅有她一人值台。客人点完菜之后，小金按自己在学校学得的知识开始上菜，菜上完之后，上点心，最后上汤。用餐的客人开始不高兴了。试分析这是为什么？

分析提示

中西餐服务总体来讲，就上菜顺序而言无太大差别，但在西餐中汤总是先上的。小金机械地搬用中餐的服务程序，难免就要出差错，从而引起客人的不满。

模块三　西餐零点服务

一、西餐零点摆台

便餐包括集体用餐和个人用餐。一般用长台、方台或圆台。吃什么菜摆什么餐具，喝什么饮料摆什么饮具。坐位一般无主次之分。

便餐摆台分早餐摆台和午、晚餐摆台。其做法如下：

1．铺台布

铺台布前，先在餐台上铺一块用毛毡或泡沫做的台垫，以避免餐具与台面碰撞，再在台垫上铺台布。

2．摆餐具

(1）早餐摆台。

1）摆餐盘（直径为24厘米）。餐盘摆在席位正中，对准椅中线，盘边距桌边1厘米，折好的餐巾花摆在餐盘上。

2）摆餐刀、餐叉、汤匙。餐盘右侧依次摆餐刀、汤匙，刀口朝盘，匙口朝上。餐盘左侧摆餐叉，叉齿朝上。刀叉距餐盘1厘米，刀、叉、匙后端距桌边1厘米。

3）摆面包盘、黄油刀。面包盘摆在餐叉左侧，距餐叉和桌边各1厘米。黄油刀刀口朝盘心，竖放在面包盘右侧。

4）摆水杯。餐刀前方摆水杯，距刀尖3厘米。

5）摆咖啡杯具。咖啡碟摆在汤匙右侧，咖啡碟上摆咖啡杯和咖啡匙，杯把、匙把朝右。

6）其他。调味盅、牙签筒、烟灰缸等摆在餐台靠中心的位置上。

（2）午、晚餐摆台。

1）摆餐盘。餐盘摆在席位正中，对准椅中线，盘边距桌边1.5厘米。

2）摆餐刀、餐叉、汤匙。餐盘右侧由里向外依次摆餐刀、汤匙，刀口朝盘，匙口朝上。餐盘左侧摆餐叉，叉齿朝上。刀叉距餐盘1厘米，刀、叉、匙后端距桌边1.5厘米。

3）摆面包盘、黄油刀。面包盘摆在餐叉左侧，距餐叉和桌边各1厘米。黄油刀刀口朝盘心，竖放在面包盘右侧。

4）摆茶匙、甜点叉。餐盘正上方平行横放茶匙和甜点叉。茶匙把朝右，叉把朝左。

5）摆水杯。餐刀正上方3厘米处摆水杯。

6）摆餐巾。餐巾叠好后放在餐盘上。

7）摆胡椒盅、盐盅、烟灰缸。烟灰缸放在茶匙上方，胡椒盅、盐盅放在烟灰缸左侧。

二、西餐零点点菜服务

（1）在服务台拿取够用且完整的酒谱和菜单，至客人的左侧呈递谱单，递送时女士优先，但年长的男士或主客则例外。在正餐时间，可先出示酒谱，询问客人要否来杯餐前鸡尾酒，并伺机推销餐中的其他饮料。送过酒后即询问客人是否可以点菜，若客人还未决定要点什么，依序问第二位客人；若仅有一位客人时，可告知客人服务员等一会儿再来，然后到另一桌去；绝不可催客人或等候时口中发声，或用铅笔敲记录单，显出不耐烦的态度。可试着建议一些菜式或为客人解释菜单，以帮助客人。

（2）记录客人的点菜时，应先准备好记录单，并有系统地记录，如编号、日期、服务员姓名、桌号、顾客人数等，以辨明客人。对于每位客人的特别吩咐，以较小字体附记在菜名略号侧，以不至错漏，并便于结账分账（按外国人的习惯，数位客人同桌进餐时，常有各自付账的情形）。

（3）为节省点菜记录的时间，应尽量利用菜名的略号。

（4）记录点菜单后，向客人重述所点的菜，收回菜单。若客人未点汤时，将汤匙同时移走。向客人道谢后，前往配餐间叫菜。

三、佐餐酒服务

当所有客人入坐后，服务员可以开始接受点开胃酒或鸡尾酒。接受客人点酒时，应介绍餐厅的开胃酒或鸡尾酒的特色，记下每位客人所点的酒水，并向客人复述。送酒水时应事先核对以免出差错。未点酒的客人应为其倒上冰水。服务鸡尾酒时，应用托盘送上，并报出名称。

四、零点餐菜品服务及席间服务

（1）顾客入座后，迎宾员点燃蜡烛，然后回到迎宾岗位。看台服务员向顾客问好，为顾客打开餐巾，斟倒矿泉水（有时放进一小片柠檬）。侍酒员或餐厅领班到顾客面前推销饮品，推销饮品时应当说：“Would you like some drinks before your dinner? Beer，cocktail or fruit juice?”（请问您餐前喝些什么饮品？啤酒、鸡尾酒和果汁，请问您喜欢喝哪一种?）

(2）推销完餐前饮料后，餐厅领班从顾客的右边递送菜单，并介绍当日餐厅的特色菜。之后，领班主动上前从顾客的右边给顾客点菜，先女士后男士。点菜时说：“May I take your order?”（请问您现在点菜吗?）在点菜过程中，要重复客人所点的菜的名称和数量，离开前应当说：“Thank you.”（谢谢您。）

顾客点菜时，领班或接受点菜的服务员应注意：

1）点牛排、羊排，问生熟程度。按照惯例，牛排生熟程度分为全熟、七成熟、五成熟、三成熟和一成熟五个层次。

2）点色拉问配何种色拉汁。如油醋汁、法式汁、千岛汁等。

3）酒水员送上顾客所点的餐前饮料，在顾客的右边上餐前饮品，并介绍饮品的名称。餐厅服务员从顾客的左边上黄油，放在面包碟上方，将面包篮放在顾客的左手边的适当位置。餐厅服务员根据领班记录的点菜单，摆上适当的餐具。根据需要准备烹调车、服务用具、调味品、用料等。

4）酒水员从顾客的右边递上酒单，并根据顾客所点的菜主动介绍和推销佐餐酒（各种白葡萄酒和红葡萄酒）。递上酒单时说：“Here is our wine list.”（这是我们的酒单。）然后酒水员介绍餐酒：“Would you like to order a bottle of red wine to go with your steaks?”（先生，您要一瓶红葡萄酒配您的牛排吗?）“What about a bottle of white wine to go with your seafood，sir?”（您要一瓶白葡萄酒配您的海鲜好吗，先生?）

在客人确认了所点的酒水后，酒水员应认真填写酒水订单。酒水订单一式三联，一联交收银台以备结账，二联到吧台取酒水，三联自留备查。

5）从顾客的右边上红、白葡萄酒。如顾客已订座，则在顾客未到之前摆上红、白葡萄酒杯。红葡萄酒用银制的酒架或藤制的酒篮盛装，白葡萄酒则用冰桶冷藏，并带上一条餐巾。为顾客服务葡萄酒时将酒拿到餐桌边，把葡萄酒的标签出示给客人，待客人认可后再开启葡萄酒，并用餐巾抹干净瓶口，将瓶塞给客人鉴赏。

6）斟少许葡萄酒给主人品尝，待主人认可后再给其他顾客斟酒。斟酒时，酒液不得超过酒杯的2/3，逆时针方向斟酒，先女士后男士。斟完酒后，将红葡萄酒瓶连酒架或酒篮一起放在桌面适当的位置上，酒的标签朝向主人，白葡萄酒酒瓶放回冰桶冷藏，冰桶放在桌子旁边适当的位置上。斟酒完毕，酒水员离开前说：“Enjoy your dinner.”（请您慢用。）

7）扒房上菜的顺序是开胃菜、汤、沙拉、主菜、甜品。上菜时重复顾客所点的菜名，并且应将所有的主菜一起揭开盘盖说：“Enjoy your dinner please.”（请您慢用。）

8）顾客酒杯里的酒少于1/3时，要随时斟上。如酒瓶已空，要出示给顾客并主动推销葡萄酒。待主人认可后，方可将空酒瓶或酒具拿走。勤向杯里斟冰水，水杯里的水不能少于1/3。客人吃面包时，当黄油盅里的黄油已少于1/3时，应当添黄油。烟灰缸内不能有两个以上的烟蒂，或烟灰缸内有许多杂物时应当更换烟灰缸。收撤空饮品杯时可推销其他饮品。顾客用完每道菜后，撤去用过的餐具并斟倒酒水。

9）撤餐具时，放在客人左手边的餐具从顾客的左侧撤下，右边的餐具从右侧撤下。不可在餐桌上当着客人的面前清理盘内剩菜，或将盘子在餐桌上垒起撤走。在撤下主菜盘上甜品和水果之前，用一块叠好的干净餐巾把撒落在桌子上的菜和面包屑等扫进一个小盘里，同餐桌上用过的餐具一并撤下，保留水杯、饮料杯、烟灰缸、花瓶、蜡烛等，以保持桌面整洁。

10）有时顾客在扒房点菜时，没有一次将菜肴点齐，通常仅仅点到主菜为止，再根据用餐的情况点甜品。这时服务员应当主动向顾客推销甜品，适时推上甜品车或从顾客的右边递上甜品单，并推荐时令水果、雪糕、奶酪、各式蛋糕、特式咖啡、茶等。根据顾客需要的甜品摆上相应的餐具。从顾客的右侧送上甜品，摆在餐位的正中，报上甜品的名称，礼貌地请顾客享用。顾客用完甜品后，除留下酒水杯外，将其他餐具撤去。

案例分析

马格丽特是某饭店咖啡厅的领位员。咖啡厅最近比较繁忙。这天午饭期间，马格丽特刚带几位客人入座回来，就见一位先生走了进来。

“中午好，先生。请问您贵姓?”马格丽特微笑着问道。

“你好，小姐。你不必知道我的名字，我就住在你们饭店。”这位先生漫不经心地回答。

“欢迎您光顾这里。不知您愿意坐在吸烟区还是非吸烟区?”这位马格丽特礼貌地问道。

“我不吸烟。不知你们这里的头盘和大盆菜有些什么?”先生问道。

“我们的头盘有一些沙律、肉碟、熏鱼等，大盆菜有猪排、牛扒、鸡、鸭、海鲜等。您要感兴趣可以坐下看看菜单。您现在是否准备入座了? 如果准备好了，请跟我去找一个餐位。”马格丽特说道。

这位先生看着马格丽特的倩影和整洁、漂亮的衣饰，欣然同意，跟随她走向餐桌。

“不，不，我不想坐在这里。我想坐在靠窗的坐位，这样可以欣赏街景。”先生指着窗口的坐位对马格丽特说。

“请您先在这里坐一下。等窗口有空位了我再请您过去，好吗?”马格丽特在征求他的意见。

在征得这位先生的同意后，马格丽特又问他要不要些开胃品。这位先生点头表示赞同。马格丽特对一位服务员交代了几句，便离开了这里。

当马格丽特再次出现在先生面前告诉他窗口有空位时，先生正与同桌的一位年轻女士聊得热火朝天，并示意不换坐位，要赶紧点菜。马格丽特微笑着走开了。

请问从此案例即领位员服务的过程中，分析领位服务应具体做到哪些。

分析提示

迎宾和领位服务员是西餐服务的重要组成部分，是顾客与餐厅接触的“第一印象”，其程序由主动接触客人、引客入座两部分组成。两者相辅相成，相互呼应。这种服务需要职业道德意识作为其运行的基础。这种职业思想反映在程序中的具体规范就是礼貌服务、友好服务、超值服务等。

第五单元　宴 会 服 务

人们日常交际活动中，除了用电话、书信等常用工具进行交流之外，宴会也是重要的交际工具之一。宴会是在普通用餐基础上发展而成的一种高级用餐。具体来讲宴会是政府机关、社会团体、企事业单位或个人为了表示欢迎、答谢、祝贺等社交目的以及庆贺重大节日而举行的一种隆重、正式的饮食活动。比如：人们在举行婚礼时，宴请亲朋好友、庆祝美满婚姻而举办的婚宴；为老人庆贺生日的寿宴等。人们在这种特殊的活动氛围里边品尝美味佳肴、香茗美酒，边畅叙友谊、洽谈事务。通过宴会，人们不仅获得饮食艺术的享受，而且可增进人际交往。宴会现场如图 5—1 所示。

图 5—1　宴会现场

在酒店日常经营的服务项目中，宴会更是最为常见的一种餐饮经营方式，由于它规格高、影响大、服务讲究、利润丰厚，历来受到酒店经营者的重视。一个高标准的宴会，在一定程度上代表着一个酒店经营管理、服务和烹饪技术的最高水平。因此，提高酒店宴会接待服务水平，对提高整个酒店的经济效益和社会效益都有着十分重要的意义。

第一节　中餐宴会服务

中餐宴会服务分为四大环节：宴会前的准备工作、开宴时的迎宾工作、宴会中的就餐服务、宴会后的结束工作。

一、宴会前的准备工作

好的开始是成功的一半，一场宴会事前的准备工作是否完美、彻底，关系到宴会的成败。我们可以试想如果宴会主人到宴会现场时，看到一切准备工作已井然有序，其心情必定是欢娱而且满意的，一旦留下完美的第一印象，宴会人员便可以顺利地与其商谈其余细节。另外，依靠完善的事前准备，在我们具体为客人进行宴会就餐的服务时，必定会得体、规范、有条不紊，因此，宴会服务前的准备工作不容忽视，需要认真细致地进行各方面的准备。

想一想

某饭店中餐宴会厅接待30位客人安排在一个小厅，标准为80元/人。服务员小李为领班，负责这次宴会服务，请问他应该怎样组织服务员做好这次宴会服务工作？

1. 掌握情况

（1）接到宴会通知单后（见图5—2），宴会厅服务员应做到“十知”“五了解”。

宴会/会议通知单

宴会/会议类型：□婚宴 □会议 □商务宴 □庆典 □其他：________					
预定日期					
宴会日期及时间				□午餐____	□晚餐：____
公司名称					
联系人		联系电话		传真	
宴会场地及包间					
餐点形式：□包桌 □单点 □其他：________					
人数		宴会标准：____元/桌×____桌，备____桌			
菜单注意事项：					
酒水注意事项：					
押金：________场地租金：________其他：________					
宴会/会议摆设形式					
□婚宴式 □会议式（□长方形桌 □U形桌 □T形桌 □圆桌）□课堂式 □柜台式					
□店外横幅 □店内横幅 □店内水牌 □主席台 白板 □签到台 签到本 □电视机 □插座 □卡拉OK □麦克					
其他需要协助之项目					

制单人： 跟踪接待人： 审批人： 发出日期：

相关部门：

□餐饮总监 □餐饮部 □厨房 □财务部 □总办 □采购部 □保安部 □工程部

图5—2 宴会通知单

1）宴会前的“十知”。

- 知宴会的主题
- 知宴会标准
- 知安排桌数
- 知菜式品种
- 知宾主身份
- 知参加人数
- 知开席时间
- 知收费方式
- 知宴会所用的酒水、饮料
- 知主办单位及联系人

2）宴会前的“五了解”。

- 了解宾客的风俗习惯
- 了解宾客的生活忌讳
- 了解宾客的特殊要求
- 了解宾客的进餐方式
- 了解宾客的主宾和主客的特殊爱好

2. 明确分工

对于规格较高的宴会，还应掌握下列事项：宴会的目的和性质、宴会的正式名称、客人的年龄和性别、有无席次表、坐位卡、席卡、有无音乐或文艺表演，有无主办者的指示，有无特殊要求和想法，有关司机接待方式等。

（1）在宴会前，一般由餐饮部经理或宴会经理，在准备阶段按管理要求开一个简短的班前会，介绍有关宴会的基本情况，包括宴会的要求、形式、程序、主台、致辞等对服务人员的各项要求。宴会服务人员在参加会议接受任务后，要明确自己工作岗位的职责要求，明确本岗位工作的程序和方法，并要做好相关准备工作。

（2）完成服务人员分工以及人员安排之后，宴会主管还要将宴会场地以及宴会人员分工情况标示在图上，使所有的服务人员都能清楚地知道自己的职责与服务区域。

3. 宴会布置

（1）要符合相应的规格、标准与性质。宴会厅布置要尽量体现宴会的规格和标准并与宴会性质相符，如国宴活动要在宴会厅的正面并列悬挂两国国旗；隆重、大型的正式宴会，在宴会厅周围摆放盆景花草，或在主台后面用花坛、画屏、大型青枝翠树盆景装饰，用以增加宴会的隆重盛大、热烈欢迎的气氛；一般的婚宴，可在靠近主台的墙壁上挂上“喜”字，两旁贴对联；寿宴挂“寿”字等。

（2）运用合适的装饰品。宴会厅内要有相适应的装饰品，如壁画、油画、书法作品、花草等使其具有美的感受。

（3）厅内环境要舒适。中餐宴会厅布置既要体现出隆重、热烈、美观，又要具有我国传统的民族特色。高级宴会的就餐环境更要精心设计、妥善安排，使宾客既有优美、舒适、愉快的感觉，又有豪华高雅之感。宴会厅的室温要注意保持稳定，且与室外气温相适应，一般冬季保持在 18 ~ 20℃之间，夏季保持在 22 ~ 24℃之间。

4. 熟悉菜单

服务人员要熟悉本次宴会菜单的内容和菜式的制作方法，口味特点，历史典故，做好上菜、派菜和回答宾客对菜点提出询问的思想准备。

5. 餐具和用品的准备

（1）瓷器类。餐碟、碟垫、味碟、茶盘、茶杯、饭碗、汤碗、汤匙、烟灰缸等。

餐具用量的计算方法是：A 款餐具数量 = 使用 A 餐具的菜的道数 × 客人人数 × 1.2。

（2）银钢器类。主菜刀叉、水果刀叉、银匙、点心叉匙、服务叉匙、筷子架等。其用量计算方法与瓷器类同。

（3）玻璃器皿类。水杯，红、白葡萄酒杯，白酒杯，香槟杯，白兰地酒杯等。其用量计算方法与瓷器皿类同。

（4）布草类。桌布、餐巾、小毛巾等。布草用量的计算方法是：餐巾数量 = 客人人数 ×1.2；小毛巾数量 = 客人人数 ×4.2 ×1.2。

（5）其他。筷子、胡椒瓶、牙签、席次牌、冰桶、冰夹、托盘，宴会所需的桌面、桌子、椅子等。

（6）如餐厅原有的设备不能满足主办单位的需要，应与主办单位协商寻找解决方法。

6. 酒水和烟茶的准备

根据宴会通知单要求，填写领料单，向食品库领出酒、饮料、香烟及茶叶，将酒水瓶擦拭干净，将需冷藏的酒水存入冰箱。

7. 铺设餐台

宴会开始前 1 小时，按宴会单上的具体要求摆好台，在副主位的桌边，面向宴会厅的入口摆正席次卡，在每个餐位的水杯前放立席卡。

中餐宴会单位餐具样式及宴会台面样式分别如图 5—3 和图 5—4 所示。

8. 摆放冷盘

大型宴会为了防止开餐时间的忙乱，一般在宴会开始前 15 分钟摆上冷盘。

9. 全面检查

检查照明、空调、音响等设备能否正常运作；宴会用的桌椅、台柜是否完好；设备设施是否符合宴会通知单的要求。

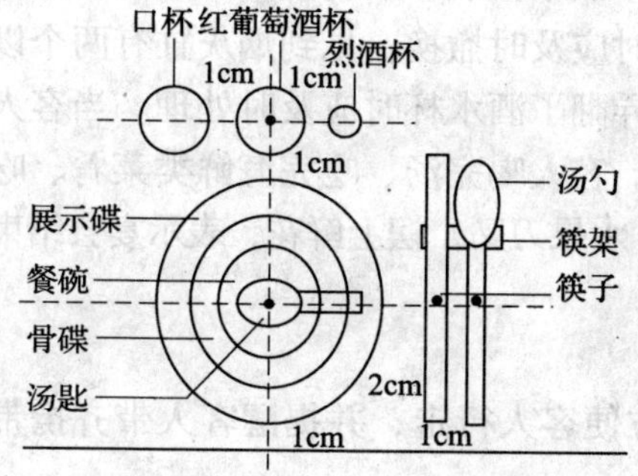

图 5—3　中餐宴会单位餐具样式

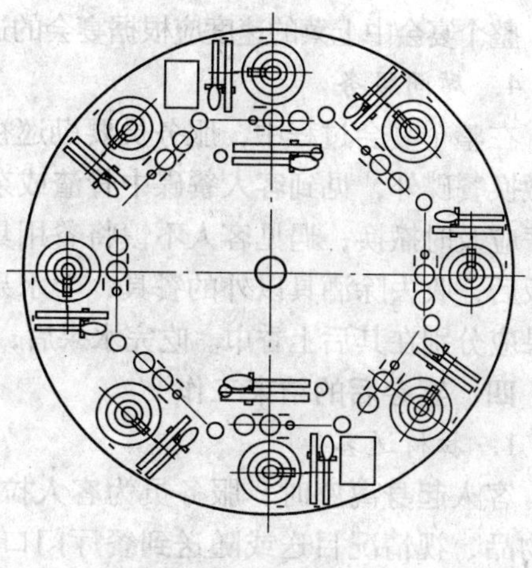

图 5—4　中餐宴会台面样式

准备工作就绪后，服务人员要对自己的本职工作做一次认真的检查，最后由管理员或领班进一步做全面检查，保证宴会能按时顺利进行。

二、开宴时的迎宾工作

根据宴会的入场时间，宴会主管人员和迎宾员提前在宴会厅门口迎候宾客，值台服务员站在各自负责的餐桌旁准备迎客。

宾客到达时，服务员要热情迎接，微笑问好，将宾客引入休息室就座休息。引领宾客和回答宾客问题要使用敬语，做到态度和蔼、语言亲切。主动接过衣帽和其他物品，斟倒茶水或饮料，送上小毛巾。上茶和毛巾时应按先主宾再其他来宾、先女后男的顺序依次进行。

三、宴会中的就餐服务

1. 入席服务

当客人进入宴会厅时，服务员要主动协助迎宾员安排客人入座。大型宴会应引领客人找到坐位，并拉椅让座。待宾主坐定后，即将席卡、座卡、花瓶收走，然后取出餐巾，展开铺在客人膝上并脱去筷套。

2. 斟酒服务

大型宴会开宴前 5 分钟斟好白酒和葡萄酒。客人入座后，根据客人要求斟饮料。小型宴会客人入座后，根据客人要求斟倒酒水饮料，如备有葡萄酒和白酒时，一般先斟葡萄酒，后斟白酒。

3. 上菜服务

中餐宴会的上菜顺序各大菜系略有不同。一般顺序是：冷盘、热炒、大菜、汤菜、炒饭、面点、水果。上汤则表示菜已上齐，有的地方还有一道点心再上一道菜的做法。

粤菜的上菜顺序则是：冷盘、羹汤、热炒、大菜、青菜、点心、炒饭、水果。上青菜则表示菜已全部上齐。粤菜先上汤菜，近年来其他菜系也在不断改进，许多地方的酒店都把宴会上汤的时间提前了。

整个宴会中上菜的速度应根据宴会的进程或主办人意见而定，一般以主桌为准，全场统一。

4. 席间服务

在整个宴会过程中，服务员要勤巡视。待客人杯中酒水只剩 1/3 时应及时斟倒；除按规定撤换餐碟外，见到客人餐碟中骨渣或杂物堆积较多时应及时撤换；见到烟灰缸有两个以上烟蒂应及时撤换；遇见客人不慎将餐用具掉在地上或弄翻了酒水杯时应及时处理。当客人吃完饭后，收去除酒具以外的餐具，上水果刀叉、水果。客人喝完汤、吃完海鲜类菜肴、吃完水果应分别在其后上香巾。吃完水果后，撤掉水果盘、水果刀叉，摆上鲜花，表示宴会结束。

四、宴会后的结束工作

1. 拉椅送客

客人起身离座时，服务员为客人拉开座椅，以方便客人行走，并提醒客人带齐携带来的物品，视情况目送或随送到餐厅门口，致谢道别。

2. 取递衣帽

客人走出餐厅时，衣帽服务员应及时准确地将衣帽取递给客人，并帮助穿戴。

3. 收台检查

客人离开后，服务员应检查有无客人遗留的物品，地面及台面有无未熄灭的烟头，然后按餐巾、香巾、玻璃器具、瓷器、刀叉筷子的顺序收拾干净台面。

4. 清理场地

搞好地面卫生、整理好桌子。

【技能实训　中餐宴会服务】

【实训目的】

通过中餐宴会服务训练，熟练掌握中餐宴会服务的四个基本环节，即宴会前组织准备、宴会前迎宾、宴会就餐服务和宴会结束工作。服务热情、到位，使来宾感受到服务人员的优质服务，以赢得更多的回头客。

【实训器具】

设备：实训宴会厅或包间、宴会服务桌椅、餐车、模拟台型、各种工具等。

用品：各种餐具、茶具、酒具、菜单、常用托盘、开瓶器、打火机等。

【实训方法】

教师先讲解、示范，然后由学生操作，老师再进行指导。按照不同的宴会场景设计训练内容。最好到实习基地进行亲自体验宴会服务训练全过程。

【实训内容】

中餐宴会服务

【程序与操作标准】

中餐宴会服务程序与操作标准见表 5—1。

表 5—1　　中餐宴会服务程序与操作标准

程序	工作标准及要求
宴前准备	①按照饭店规定着装，准时到岗 ②参加班前会：了解宴会的具体任务，使服务工作做到“九知”“四了解”。“九知”即知出席宴会人数、桌数、主办单位、邀请对象、宾主身份（主办主人）、宴会的标准及开宴时间、菜式品种、出菜顺序、收费办法；“四了解”即了解客人的宗教信仰、风俗习惯，了解客人的生活忌讳，了解宾客的特殊需要，了解会议、客房的安排等 ③做好准备工作：根据宴会的类别、档次对环境、台形、台面进行妥善布置，摆好餐台；熟悉菜单，选配器皿、用具，计算数量，餐具要备用1/5，并逐项检查，确保清洁，光亮、无缺口；备足酒水饮料，酒水按要求擦干净在工作台上摆放整齐；准备特色作料；将托盘、点菜单、服务用巾和其他小件服务用具按饭店标准配备数量，并整齐地摆放在工作台面上；搞好宴会厅的卫生，将自己工作区域的卫生清扫干净，做到无污渍、杂物；检查宴会厅各种设备设施的运转状况，如有问题及时通知饭店有关部门处理 ④自查：检查个人仪表仪容，重要宴会要戴白手套；复查餐台、台布、餐具、各种调味品、烟灰缸、牙签等放置是否齐全整洁、符合要求；椅子与所铺的席位是否对应等；菜单、托盘、备用餐具、小毛巾、工作台内储存物品等是否齐全、清洁 ⑤接受领班检查 ⑥以上工作应在宴会开餐前半小时完成 ⑦宴会开始前15分钟，值台员应与传菜员协调，按要求上好冷盘、调料，上冷盘时应注意按颜色深浅荤素搭配好，均匀的摆放在转台上。若知宴会酒水，也可提前斟上红酒和白酒（按斟酒要求） ⑧准备好开水及消毒湿巾和餐巾纸 ⑨在开餐前10分钟，按规定位置面向门口站好
开餐服务	①站立宴会厅门口恭迎客人，多台宴会应按指定位置站台，不得交头接耳及倚靠而立 ②客人进入餐厅时，微笑迎客，根据客人不同的身份和年龄，使用敬语，主动问候，落实其身份后，将其引领至合适的餐位，同时拉椅请客人入座，上小毛巾 ③如客人早到或事先已约好会客，可请客人在休息座休息，并及时送上迎客茶 ④如宴请人数有增减，应使用托盘增撤餐具和食品，同时通知厨房，增减食品数量 ⑤撤花瓶（席位签），从客人右侧为客人打开餐巾并铺好，去筷套 ⑥从主宾右侧开始按顺时针方向撤去冷菜的保鲜膜（用服务夹操作） ⑦征询客人意见后为其斟倒茶水，礼貌地询问客人就餐的人数，并将多余的餐具撤下 ⑧征询客人饮用何种茶水，将茶水制备好后，依照先长后幼、先女后男、先宾后主的次序进行斟倒，斟倒茶水以茶杯的七八成满为宜 ⑨斟倒完毕后，须向壶内重新注满开水，并将茶壶放回台面，注意不要将壶嘴对着客人斟 ⑩如是吸烟餐厅，应主动为吸烟的客人点烟

续表

程序	工作标准及要求
酒水服务	①依据操作规范和服务顺序，在征询客人意见后，用右手在客人的右侧为客人斟倒酒水；一般斟八分满为宜，斟白酒和色酒时，应先斟色酒，后斟白酒 ②客人表示不需要某种酒时，应把空杯撤走，斟白兰地或威士忌时，只斟杯子的一至二分，客人需要冰块时，应连同冰夹及时提供 ③斟酒水从主宾开始按顺时针方向，并遵循先主宾后主人，先女宾后男宾的原则逐位斟，随时注意宾客杯中的酒水，见喝到只剩 1/3 时，就应及时给斟满 ④如遇宾主致词，全体服务员应立即停止服务，保持场内安静，主人讲话即将结束时，服务员要把主人的酒杯送上，供主人祝酒。大型宴会主宾致辞时，服务员应用托盘备好一至二杯甜酒，在致辞完毕需要敬酒时送上。主人离位给来宾祝酒时，服务员应托酒，跟随主人身后，及时给主人或来宾续酒 ⑤当客人起立干杯或敬酒时，应帮助客人拉椅，客人就座时，再把椅子向前推，要注意客人的安全
就餐服务	①征询客人意见后将各人茶杯撤下，准备开餐 ②严格遵循中餐上菜顺序（凉菜、主菜、热菜、汤、甜食、点心、水果）上菜，热菜要热，冷菜要冷，不同烹制方法的菜，要用不同的餐具，大型宴会或重要宴会，要服从专人指挥，以免造成早上、迟上、漏上，影响整个宴会效果 ③上菜位置在陪同（或副主人）右边，以不打扰客人为宜，严禁从主人和主宾之间上菜 ④多桌宴会时，正菜应以主桌为准，先上主桌，再按照桌号依次上菜。注意绝对不可主次颠倒 ⑤热菜应在凉菜进食一半左右开始上桌 ⑥展示菜肴并报出菜名 ⑦摆放热菜时应将其观赏面及优质部位正对主位，注意对称摆放，位置适中讲究造型 ⑧如宴会采取分餐制，则应注意根据宴会、菜肴的特点及客人的要求，采用不同的分菜方法： • 从客人右侧摆放于餐碟 • 值台员用左手垫上餐巾将菜盘托起 • 右手持分菜用的叉和匙，在客人左侧进行分让 • 分菜时应遵循先主宾后主人然后依次分让的礼宾顺序 • 掌握好分菜数量，做到分派均匀一致 • 当客人食用完一道菜后，从右侧将使用过的食碟撤下，准备分下一道菜所用的餐具 • 上带作料的菜时，应先上作料后上菜，上菜时略作说明 • 菜单中如有用手去皮的菜肴时，应跟上洗手盅 ⑨上完甜食、点心后，撤走调味碟、勺子、筷子、筷架、毛巾碟，送上茶水，并把牙签盅移至转台上，并示意客人 ⑩整个宴会期间，根据客人要求，上菜不可太快，一般宴会时间从开始到结束约 1.5 ~ 2 小时 ⑪如客人的筷子、口布等掉在地上，应立即给客人换上干净的，把脏的拿走；宴会过程中，若客人碰翻了茶杯、饮料杯等，弄脏了台面或客人的衣服，要迅速用口布或小毛巾帮助客人擦拭，掉在台面上的菜点可用牙签或筷子夹到碟子里拿走，用干净的口布铺在餐桌弄脏的部分 ⑫烟灰缸里的烟蒂不得超过 3 个，应及时用干净的烟灰缸盖住脏的烟灰缸撤走，然后将干净的烟缸放上 ⑬有急事或电话需要找客人，应找主办宴会单位的人联系

续表

程序	工作标准及要求
水果服务	①上水果前，应将台面清理干净 ②根据不同的水果，为客人提供刀、叉或勺子，上第二道小毛巾，上水果盘 ③用完水果后，擦净转台，重新摆上鲜花，以示宴会结束 ④当客人进食完水果后，从客人的右侧将水果盘、垫碟、水果一起撤下
茶水服务	①为客人摆上茶杯，然后在客人右侧为其斟倒茶水 ②为客人上第三道小毛巾服务
结账服务	①清点酒水、香烟、水果，核对宴会人数、标准，以及菜单外的额外消费，如陪同和驾驶员的工作餐费等，及时通知收银台，以免漏账 ②付账时，若是现金可以现收交收款员；若是住店客人签单，要核对住房卡，请客人签名后交收款员；如果是单位宴请，签单时，核对签单人的单位工作证，然后将账单交收款员；账单票据及找回的零钱，应用收银夹呈送给客人，并向客人表示感谢，然后收回收银夹，退回一步再转身
礼送客人	①当客人提出宴会结束时，要提醒客人带好携带来的物品，并将保管的物品交给客人，拉椅送客 ②遵循迎客走在前，送客走在后的原则，热情的欢送客人，礼貌地向每位客人道别，并欢迎再次光临
收台清扫	①客人离去后及时检查地毯、台布、椅面上有无燃着的烟蒂 ②检查桌子及地面有无客人遗留的物品，拾到后及时还给客人，无法追送时，应交餐厅领班及主管处理 ③将餐巾、毛巾、杯具、餐具、银餐具等按顺序分类收拾，垒放整齐送到餐务组洗涤，防止因摩擦和摆放不当而打碎，银餐具要进行清点，做到无缺少 ④将剩余酒水如数退还给吧台，办好领退手续 ⑤按要求清理现场，重新铺台，准备迎接新的客人 ⑥整理各类用具，按规定位置摆放整齐 ⑦整理工作台，关闭各种电器设备，接受领班检查，关灯、锁门，将钥匙交保安部 ⑧填写营业记录

表5—2为中餐宴会服务技能测试表。

表5—2　　中餐宴会服务技能测试表

班级：　　姓名：　　考核时间：　　年　月　日

序号	项目	应得分	扣分	实得分	考评员签名
1	宴前准备	15			
2	开餐服务	10			
3	酒水服务	10			
4	就餐服务	15			
5	水果服务	10			
6	茶水服务	10			
7	结账服务	10			
8	礼送客人	10			
9	收台清扫	10			
合计		100			

模块二　西餐宴会服务

一、宴会准备工作

1. 服务员数量

宴会所需服务员的数量取决于服务方式以及参加宴会的客人数。

若采用美式服务，一般一名服务员为20位客人服务。

若采用法式或俄式服务，两名服务员为30位客人服务。

若是自助餐宴会，一名服务员可为30位客人服务。

2. 摆台

按西餐宴会摆台的要求摆好餐桌与餐具，分别如图5—5和图5—6所示。

3. 准备餐酒用具

（1）餐酒用品。

1）瓷器类。包括餐碟、装饰盘、汤碗、汤勺、茶杯（含垫碟）、咖啡杯（含垫碟）、花瓶、烟灰缸、盐椒盅、糖缸、奶壶、牙签筒等。

2）不锈钢类。包括汤勺、头盆刀叉、鱼刀叉、肉刀叉、咖啡匙、点心叉、水果刀、筷架、毛巾夹、冰筒（含支架）、服务茶匙等。

3）玻璃器皿。包括水杯、葡萄酒杯、黄酒杯、烈酒杯、白兰地杯、鸡尾酒杯、香槟杯等餐厅使用的餐酒用品，应完好无损、洁净光亮、清洁卫生，餐具花色必须统一及配套。

图 5—5　西餐宴会餐桌

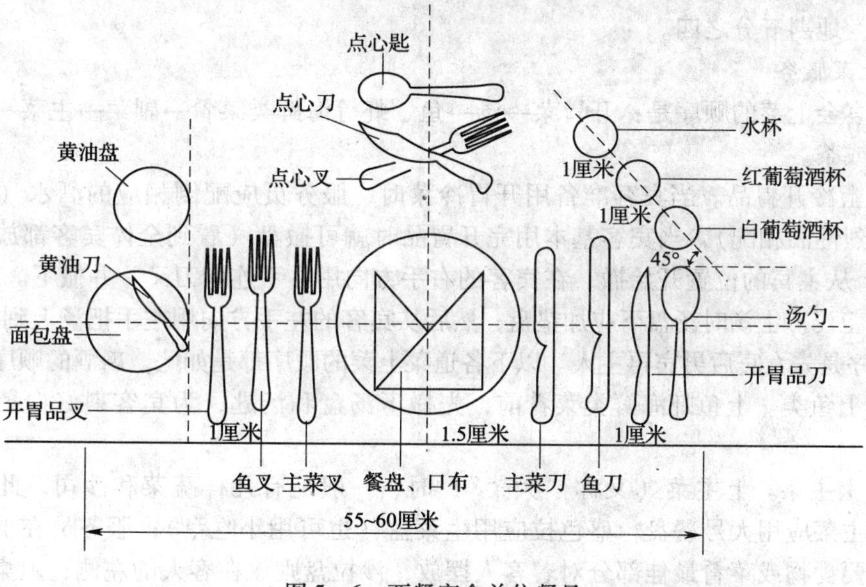

图 5—6　西餐宴会单位餐具

（2）服务用品。

1）布件类。包括台布、口布、台裙、毛巾等，其中台布、口布、台裙、毛巾要求完好、无破损，每餐必换，及时送洗。

2）其他服务用品。包括托盘、菜单、酒单、宣传品、开瓶器、打火机、围裙等，这些物品按服务员数量配备。

（3）客用消耗品。餐厅应配有鲜花、调味品、牙签、餐巾纸等多种客用消费品。其质量应符合酒店的标准，其数量充裕并及时供给，保证客人的用餐需要。餐厅应配备服务车、送餐车以满足客人的需求。

4. 摆放开胃品，备好黄油、面包

在宴席开始前5分钟摆上黄油，分派面包。

5. 准备好酒、水、饮料

6. 全面检查准备工作

二、宴会迎宾工作

宾客到达时要有礼貌热情地表示欢迎，引领宾客到休息室，并根据客人的要求送上餐前酒或饮料。

三、宴会就餐工作

1. 斟酒服务

客人就座后，服务员用托盘送宴会酒水，示意客人选择。一般宴会斟酒服务，则是先女主宾位，后男主宾位，再主人位，对其他宾客，则按坐位顺时针方向依次斟酒。酒液斟入杯中的满度，根据酒的种类而定。烈性酒最多斟到酒杯的四分之三，葡萄酒最多斟三分之二，白兰地斟五分之四。

2. 上菜服务

西餐宴会上菜的顺序是：开胃菜→汤→鱼、虾等海鲜类菜肴→副菜→主菜→甜点和水果→咖啡或茶。

（1）上冷开胃品。当宾客准备用开胃冷菜时，服务员应配倒相应的酒水（冷菜开胃品一般与烈性酒相配），当宾客基本用完开胃品时就可撤盘（看到全体宾客都放下刀叉后开始撤），从主宾的位置开始撤，在宾客的右手方向用右手连同刀叉一并撤下。

（2）上汤。上汤时汤盘下应加垫盘，然后从宾客的左手方向用左手把汤上到宾客面前，上汤的顺序是先女宾后男宾再主人。以下各道菜上菜的顺序都是如此，斟酒的顺序也如此。

（3）上鱼类。上鱼虾海鲜类菜肴前，先撤下汤盘和汤匙，为宾客斟好白葡萄酒，然后上菜。

（4）上主菜。上主菜（又称“大菜”）时，一般配有几样蔬菜和沙司，此外还带有色拉，盛主菜应用大号餐盘，盛色拉应用生菜盘（也可用小吃盘）；服务员在上菜时，一定要将主要食物或菜肴最佳部分对着客人摆放，沙拉盘则放在客人的左侧；上桌前，先为宾客斟倒红葡萄酒，上菜后紧跟沙司。

（5）上点心。吃点心用的餐具要根据点心的品种而定，热点心，一般用点心匙和中叉；烩水果用茶匙；冰激凌应将专用的冰激凌匙放在垫盘内同时端上去。吃点心时若有讲话，一般用香槟酒，斟香槟酒一定要在上点心或宾客讲话之前全部斟好，以方便宾客举杯祝酒。

（6）上干酪。干酪（cheese），一般由服务员分派，先用一只银盘垫上餐巾，摆上几种干酪和一副刀叉，另一盘上摆上烤面包片或苏打饼干，送到宾客左边，任宾客自己选用。吃完干酪，应撤掉餐台上餐具、酒具，水杯和饮料杯不动。

（7）上水果。先上水果盘和洗手碗，然后将已装盘的水果端至宾客面前，请宾客自己选用。宾客吃完水果后，上香巾，按宾客人数将香巾放在小垫碟中每人一碟，放在宾客的左侧。

（8）上咖啡。将咖啡倒好，垫上垫碟，放好咖啡匙，用托盘托送，然后送上糖、奶。

上咖啡后，服务员接着托上各种餐后酒品（如白兰地、蜜酒）以及巧克力糖和雪茄烟（雪茄烟不要上给女宾）。

四、宴会结束工作

宴会结束工作主要是结账服务、送客服务、餐后整理。

【技能实训　西餐宴会服务】

【实训目的】

通过西餐宴会服务训练，熟练掌握西餐服务的四个基本环节，即宴会准备工作、宴会迎宾工作、宴会就餐工作和宴会结束工作。服务热情、到位，使来宾感受到服务人员的优质服务，以赢得更多的回头客。

【实训器具】

设备：西餐厅、西餐宴会餐台、酒水车等。

用品：各种托盘、西餐各种餐具、酒具、茶具、服务用品等。

【实训方法】

教师先讲解、示范，然后由学生操作，教师进行指导。按照西餐服务的四个基本环节设计场景模拟训练。

【实训内容】

西餐宴会服务

【操作程序及标准】

西餐宴会服务操作程序及标准见表5—3。

表5—3　　西餐宴会服务操作程序及标准

程序	工作标准及要求
开餐准备	①按照饭店规定着装，准时到岗 ②搞好宴会厅的卫生，将自己工作区域的卫生清扫干净，做到无污渍、杂物，按宴会通知单要求完成宴会场地、台形、台面布置工作 ③按出席人数、菜单摆好餐台，备好餐、酒用具，并逐项检查，确保清洁，光亮、无缺口；摆上鲜花、银烛台等装饰品美化席面 ④查宴会厅各种设备设施的运转状况，如有问题及时通知饭店有关部门处理 ⑤备好所有酒水，需要冰镇的要提前冰镇好，保证各种酒水符合饮用要求；备好足够的开胃品、面包、黄油、果酱等，在开宴前10分钟，把开胃品摆放在餐桌上，每人一盘，在少数情况下也有把开胃品集中摆在餐桌上，由宾客自取，或由服务员帮助分派

续表

程序	工作标准及要求
开餐准备	⑥在摆开胃品时应考虑其荤菜、特色、品味的搭配，盘与盘之间要留出一定距离，为宾客杯中斟好冰或矿泉水，在宾客到达餐厅前5分钟，把面包放在面包篮里，黄油放在黄油碟中，全部宾客的面包数量应是一致的 ⑦自查：开餐前应对各项准备工作进行一次全面检查 ⑧管理人员检查 ⑨将宴会厅门打开，宴会负责人带领迎宾人员站在门口迎接宾客。服务人员按规定位置面向门口站好
迎宾接待	①宾客到达时要有礼貌热情地表示欢迎 ②引领宾客到休息室
餐前酒会	①给宾客送饮料前先征求宾客的意见，然后根据宾客要求送上餐前酒或饮料 ②送饮料给宾客时，如宾客是坐饮，要先在宾客面前的茶几上放杯垫，然后放饮料杯；如宾客是立饮，要先给宾客餐巾纸，然后给宾客饮料，因饮料通常经过冰镇，饮时杯上会凝结一层小水珠，给宾客餐巾纸可隔冻和防止弄湿宾客的手 ③休息室服务时间一般为半小时左右。当宾客到齐，主人表示可入席时，服务员要立即打开通往餐厅的门，引领宾客入席
引宾入席	①宴会开始前5分钟左右，宴会负责人员应主动询问主人是否可以开宴，经主人同意后立即通知厨房准备上菜，同时请宾客入席 ②值台服务员应精神饱满地站在餐台旁，并拉椅让座，注意遵循先宾后主、女士优先的原则 ③待宾客落座后，为客人铺上餐巾
席间服务	①西餐宴席上菜的顺序是：开胃菜，汤，鱼、虾海鲜类菜肴，副菜，主菜，甜点和水果，咖啡或茶 ②当宾客准备用开胃冷菜时，服务员应配倒相应的酒水（冷菜开胃品一般与烈性酒相配），当宾客基本用完开胃品时就可撤盘（看到全体宾客都放下刀叉后开始撤），从主宾的位置开始撤，在宾客的右手方向用右手连同刀叉一并撤下 ③上汤时汤盘下应加垫盘，然后从宾客的左手方向用左手把汤上到宾客面前，上汤的顺序是先女宾后男宾再主人。以下各道菜上菜的顺序都是如此，斟酒的顺序也如此 ④上鱼虾海鲜类菜肴前，先撤下汤盘和汤匙，为宾客斟好白葡萄酒，然后上菜 ⑤上主菜（又称“大菜”）时，一般配有几样蔬菜和沙司，此外还带有色拉，盛主菜应用大号餐盘，盛色拉应用生菜盘（也可用小吃盘）；服务员在上菜时，一定要将主要食物或菜肴最佳部分对着客人摆放，沙拉盘则放在客人的左侧；上桌前，先为宾客斟倒红葡萄酒，上菜后紧跟沙司 ⑥上点心：吃点心用的餐具要根据点心的品种而定，热点心，一般用点心匙和中叉；烩水果用茶匙；冰激凌应将专用的冰激凌匙放在垫盘内同时端上去；吃点心时若有讲话，一般用香槟酒，斟香槟酒一定要在上点心或宾客讲话之前全部斟好，以方便宾客举杯祝酒 ⑦上干酪：干酪（cheese），一般由服务员分派，先用一只银盘垫上餐巾，摆上几种干酪和一副刀叉，另一盘上摆上烤面包片或苏打饼干，送到宾客左边，任宾客自己选用；吃完干酪，应撤掉餐台上餐具、酒具，水杯和饮料杯不动 ⑧上水果：先上水果盘和洗手碗，然后将已装盘的水果端至宾客面前，请宾客自己选用 ⑨上香巾：宾客吃完水果后，上香巾，按宾客人数将香巾放在小垫碟中每人一碟，放在宾客的左侧 ⑩宴会席面服务基本结束，当主人请宾客到休息室休息时：服务员应立即上前为客拉椅；再去拉开休息室的门请宾客到休息室就坐

续表

程序	工作标准及要求
宴后服务	①用餐毕，服务员热情引导宾客到休息室休息，就座后，服务员开始上咖啡，上咖啡的方法是：将咖啡倒好，垫上垫碟，放好咖啡匙，将咖啡放在托盘内托送，另一服务员跟送糖、奶 ②上咖啡后，服务员接着托上各种餐后酒品（如白兰地、蜜酒）以及巧克力糖和雪茄烟 ③宴席接近尾声时，清点所用的饮料，算出总账。宴席结束时，请主人或其助手负责结账 ④及时为宾客续斟一次咖啡和酒品。最后撤掉咖啡具，再上一次饮料，表示宴会至此结束，宾客可自由退席。宾客离开餐厅时，服务员应站在出口的一侧，热情欢送宾客，并表示欢迎宾客下次光临
收台整理	①宴席结束后，应主动征求来宾或陪同人员的意见，认真总结接待工作，不断提高服务质量和服务水平 ②宾客离开后，服务员应及时检查台面及地毯上无宾客遗留的物品，有无燃着的烟蒂等，然后收拾餐厅和休息室 ③收台时，一般按照先收餐巾、毛巾，然后玻璃器皿，最后金属餐具的顺序进行 ④高档餐具如金器、银器等要点清数量，注意收拣保管好 ⑤清扫宴会厅，并将餐台、装饰物等搬回原处，恢复宴会厅原貌 ⑥关好窗，关掉所有电灯

表 5—4 为西餐宴会服务技能测试表。

表 5—4　　西餐宴会服务技能测试表

班级：　　　　姓名：　　　　考核时间：　　年　　月　　日

序号	项目	应得分	扣分	实得分	考评员签名
1	开餐准备	15			
2	迎宾接待	10			
3	餐前酒会	15			
4	引宾入席	10			
5	席间服务	20			
6	宴后服务	15			
7	收台整理	15			
合计		100			

模块三　团体包餐服务

一、团体包餐的概念

团体包餐是指通过一定的方式组合起来的一批客人，事先预订后，在餐厅集体就餐的一种形式。通常适合于旅游饭店接待的各种会议及旅游团体。

二、团体包餐的形式与特点

1. 团体包餐的种类

（1）会议包餐。指因参加某个会议在餐厅集体就餐的一种形式。其特点是进餐标准低，以日常便餐为主。

1）会议包餐人数多，进餐时间准确，服务员务必提前做好所有的准备工作。

2）按共餐方式进餐时，服务员一定要等人数到齐，收齐餐券后再上菜。

3）主食一般不限量，由客人自取。

4）上菜速度要快，最好是一次上齐或间隔时间很短。

5）由于有开会任务，所以中餐一般不供应烈性酒，有时晚餐提供啤酒。

6）会议包餐人数多，口味差异较大，餐厅只能顾大多数宾客的口味要求。而对团体中个别特殊的宾客如佛教徒、素食者、伊斯兰教徒、糖尿病患者等，可作特殊情况处理，另行供餐。

（2）旅游包餐。指旅行社将参加同一旅游项目的人员组织在一起，集中在餐厅就餐的一种形式。

1）旅游团队的客人都是同乘一辆车子，同时到达酒店，在安排客人入座及开餐时，服务员有时会忙不过来。

2）团队客人坐下后，有时会去洗手间，服务员要及时为客人提示方向。对入座的客人要迅速送上茶水。

3）旅游团队客人带有随身行李、照相机等物品，要提醒带好以免丢失。

4）服务员要掌握本地区的旅游、交通、购物等基本知识，以便回答客人。

（3）团队包餐。除了以上两种包餐形式，还有其他的包餐类型，如国内外以团队在参加文艺演出期间的集体就餐、体育团队比赛期间的集体用餐及中小学生包餐等，其服务近似于会议包餐。

2. 团体包餐的特点

与零餐相比，团体包餐的特点主要表现为：

（1）每一个团体包餐的用餐人数固定。

（2）用餐标准固定。

（3）开餐桌数固定。

（4）开餐时间统一。

（5）菜肴统一。

（6）用餐速度较快。

（7）就餐顾客易形成统一意见，容易配合服务。

三、团体包餐服务程序

1. 早餐服务程序

团体包餐的早餐服务程序与午、晚餐不同，它在摆台及食品种类方面都比午、晚餐简单，因而服务程序也较为简单，主要应掌握以下环节：

（1）服务员根据包餐人数整理布置好餐厅，配备好相应的就餐桌椅，并在餐台上摆放台签，备齐各种物品，了解当天包餐供应的食品品种，配制好所需的各种作料，整理好个人仪容。

（2）客人用餐前，摆齐早餐所需的各种餐饮用具和作料，早餐用具有：碟、碗、勺、筷子、茶具、餐巾（纸巾）、小毛巾（一般的早餐不配酒杯）；作料是指各种小菜。

（3）恭候宾客，引客入座。恭候宾客，做到客人一到立即有人提供引导服务，及时准确地将客人引导到为其指定的坐席上，便于顺利开餐。

（4）及时开餐，送餐上桌，合理摆放，按量供应。早餐包餐，往往人齐一桌开餐一桌，服务员按开餐人数，及时将准备好的早餐送至餐台上，并按食品内容的不同合理摆放。按人定量的食品，要保证供应数量。

（5）递送茶水、毛巾。一般的早餐用餐时间较短，因此当各种食品上齐后，应将茶水及毛巾送至客人面前。

（6）以礼相送，收拾餐台。早餐客人用餐后往往是分散离台，这时服务员应随时送客，说相送语，以示服务热情。待客人全部离开餐台后，方可撤台。

（7）核对就餐人数。早餐结束后，汇总就餐人数，为结账做好准备工作。

2. 午、晚餐服务程序

餐饮行业通常将午、晚餐叫做正餐。团体午、晚餐的包餐与早餐相比，无论是菜肴食品的种类还是数量，都更为丰富多彩。因此服务程序也复杂得多。

（1）核对菜单。团体包餐的菜单一般都是提前拟定好。每次开餐前，服务员都要将本餐的菜单与台号、包餐单位、桌数、人数进行核对，做到准确无误。同时，将菜单上所安排的菜点食品与有关部门进行核对，如有错误及时更正，并告诉包餐单位，说明更改原因。

（2）布置好餐厅。根据包餐团体的数量，分配布置好每一团体的就餐位置，并配好必要的标志及装饰（桌号牌、席称牌）等。同时大餐厅可写出告示牌，放在客人进口处，以便客人辨认自己就餐方位。

（3）摆好餐台。由于包餐标准不同，包餐菜肴的档次、品种等也都不同，因此，摆放的餐饮用具就要有所区别。

四、团体包餐服务时的注意事项

1. 注意饭菜保温。

2. 宾客如果需要标准以外的酒水、菜点，应满足要求，但要向客人讲明其差价现付。

3. 分餐制的包餐可以根据包餐标准、人数分装好食品，以保证准时、迅速开餐。

【技能实训　团体包餐服务】

【实训目的】

通过对团体包餐服务基础知识的讲解和操作技能的训练，使学生了解团体包餐的种类和特点，掌握团体包餐的服务程序与标准，达到服务规范、技能娴熟的训练要求。

【实训方法】

教师先讲解、示范，然后由学生模拟操作，教师再进行指导。最好到实习基地亲自体验一次团体包餐服务过程。

【实训准备】

1. 准备餐桌、餐椅、布草类、餐具和服务用具、装饰和清洁用具等。

2. 拟定菜单，了解团队的用餐人数、进餐时间、用餐标准、抵离日期、接待规格等。

【实训内容】

1. 团体包餐早餐服务

2. 团体包餐午、晚餐服务

【程序与操作标准】

1. 团体包餐早餐服务程序与操作标准（见表5—5）

表5—5　**团体包餐早餐服务程序与操作标准**

程序	工作标准及要求
餐前准备	①按照饭店规定着装，准时到岗 ②搞好餐厅的卫生，将自己工作区域的卫生清扫干净，做到无污渍、杂物 ③参加班前会，明确工作任务 ④了解自己所负责接待的团体名称、国籍、身份、职业、生活习惯、人数、开餐时间、用餐标准及特殊要求 ⑤按就餐人数，包餐性质、标准完成场地、台形、台面的整理与布置工作 ⑥备好餐、酒用具，摆好餐台，摆放席次卡，并逐项检查 ⑦根据当天包餐供应的食品品种，配制好所需的各种作料 ⑧检查餐厅各种设备设施的运转状况，如有问题及时通知饭店有关部门处理 ⑨整理好个人仪容仪表
恭迎宾客	①服务员应按指定的位置站立就位，恭候宾客到来 ②宾客到达餐厅，迎宾员面带笑容向宾客问好，准确了解客人所属的团队后，按标准的引领姿势将宾客准确地带到准备好的餐桌，为宾客拉椅让座，并与值台服务员交接 ③值台服务员热情地与客人打招呼，并为客人拉椅让座

续表

程序	工作标准及要求
席间服务	①宾客基本到齐后，按规定标准送上菜点食品 ②送上点心时，应向宾客介绍点心的名称和风味特点 ③上中式粥品时要为宾客分到碗中 ④宾客进餐期间，要勤巡视、勤斟饮料、勤收拾空盘碟、勤换烟灰缸 ⑤宾客用完点心后，送上香巾
结账送客	①一般会议包餐，餐毕将账单整理好后请大会秘书处的负责人签字并交至收银台 ②如使用餐券用餐的，则应将餐券整理、清点、汇总登记、封包后交收银台 ③旅游团队包餐，应将用餐账单整理好，填好日期、人数、标准、费用总数，签上接待人姓名，并请导游人员或随团的地方负责人签字后交至收银台，收银台核对无误后转入该旅行社在饭店所设的总账中，以备定期的统一结账 ④客人用餐完毕离座时，应主动为宾客拉椅让路，并提醒宾客携带好随身物品，热情欢送宾客，并表示欢迎宾客下次光临
收台清理	①待客人全部离开餐台后，及时整理餐台，检查地毯、台布、椅面上有无燃着的烟蒂；检查是否有遗留物或丢失物品，拾到遗留物后应及时还给客人，无法追送时，应交餐厅领班及主管处理 ②将餐巾、毛巾、杯具、餐具等按顺序分类收拾，垒放整齐送到餐务组洗涤 ③按要求清理现场，按标准重新摆台，搞好餐厅环境卫生，做好下一餐的接待准备工作 ④整理各类用具，按规定位置摆放整齐 ⑤填写营业记录

2. 团体包餐午、晚餐服务程序与操作标准（见表5—6）

表5—6　　团体包餐午、晚餐服务程序与操作标准

程序	工作标准及要求
餐前准备	①按照饭店规定着装，准时到岗 ②搞好餐厅的卫生，将自己工作区域的卫生清扫干净，做到无污渍、杂物 ③参加班前会，明确工作任务，了解自己所负责接待的团体名称、国籍、身份、职业、生活习惯、人数、开餐时间、用餐标准及特殊要求 ④按就餐人数、包餐性质、标准等安排好每一团体的就餐位置，在大餐厅门口写出告示牌，放在客人进口处，以便客人辨认自己就餐方位 ⑤备好餐、酒用具，摆好餐台，摆放席次卡，并逐项检查 ⑥根据当天包餐供应的食品品种，配制好所需的各种作料，备好开水、茶叶等 ⑦按包餐性质、要求备好所有酒水，保证各种酒水符合饮用要求 ⑧核对菜单与台号、包餐单位、桌数、人数，熟悉菜肴的风味特点和上菜顺序 ⑨检查餐厅各种设备设施的运转状况，如有问题及时通知饭店有关部门处理 ⑩整理好个人仪容仪表

续表

程序	工作标准及要求
恭迎宾客	①服务员应按指定的位置站立就位，恭候宾客到来 ②宾客到达餐厅，迎宾员面带笑容向宾客问好，准确了解客人所属的团队后，按标准的引领姿势将宾客准确地带到准备好的餐桌，为宾客拉椅让座，并与值台服务员交接 ③值台服务员热情地与客人打招呼，并为客人拉椅让座，上茶、上香巾
席间服务	①值台服务员在开餐前应核对人数，客人到齐后迅速通知厨房准备出菜；如规定的开餐时间已到，而个别顾客未到，服务员应主动征求主办单位的意见，在得到主办单位许可后方可开餐 ②撤走茶杯，若宾客要求保留的可不撤 ③上菜时要向宾客介绍菜肴的名称、特色 ④外国团体或重要团体，应按宴会操作规程为宾客服务，对不会使用筷子的宾客要安排刀叉，同时保留筷子 ⑤在宾客进餐过程中，服务员要勤巡视、勤为宾客斟酒水，更换餐用具，递送菜肴食品，及时整理餐台，随时掌握客人的需要及进餐速度 ⑥团体包餐费中含饮料费及水果费的，要按标准上足饮料、水果，不要先紧后松造成宾客得不到应有的享用或浪费 ⑦菜上齐时须向宾客告知："菜齐了"，并询问宾客还有何需要 ⑧餐毕，要为宾客送上热茶、香巾 ⑨当本餐的各种菜肴食品上齐后，应告知包餐主办单位的负责人，使之心中有数，同时将包餐外另外计费的酒水、饮料、香烟等进行整理清点，并一一上账
结账送客	①一般会议包餐，餐毕将账单整理好后请大会秘书处的负责人签字并交至收银台 ②如使用餐券用餐的，则应将餐券整理、清点、汇总登记、封包后交收银台 ③旅游团队包餐，应将用餐账单整理好，填好日期、人数、标准、费用总数，签上接待人姓名，并请导游人员或随团的地方负责人签字后交至收银台，收银台核对无误后转入该旅行社在饭店所设的总账中，以备定期的统一结账 ④客人用餐完毕离座时，应主动为宾客拉椅让路，并提醒宾客携带好随身物品，热情欢送宾客，并表示欢迎宾客下次光临
收台清理	①待客人全部离开餐台后，及时整理餐台，检查地毯、台布、椅面上有无燃着的烟蒂；检查是否有遗留物或丢失物品，拾到遗留物后应及时还给客人，无法追送时，应交餐厅领班及主管处理 ②将餐巾、毛巾、杯具、餐具等按顺序分类收拾，垒放整齐送到餐务组洗涤 ③按要求清理现场，按标准重新摆台，搞好餐厅环境卫生，做好下一餐的接待准备工作 ④整理各类用具，按规定位置摆放整齐 ⑤填写营业记录

3. 模拟对话

服务员：晚上好！请问你们是浙江中旅的客人吗？
客　人：晚上好！是的，我们晚餐是在这里用吗？
服务员：是的，大家请跟我来吧。
客　人：谢谢！
服务员：就在这儿，5 到 10 号桌都是你们团队的，请随便坐。
客　人：好的，谢谢！
服务员：不客气。你们刚刚到广州吗？
客　人：是的，飞机误点了，我们行李还没来得及放到客房去呢！
服务员：没关系，行李放在身边比较挤，你们可以将行李集中放到这里。
客　人：好的。
……
客　人：小姐，能给我们来点鲜榨的果汁吗？
服务员：可以！不过果汁的费用不包含在包餐费用中，得另外计费，可以吗？
客　人：没问题！给我们来一杯苹果汁、一杯柠檬汁吧！
服务员：好的，请稍等！
……
服务员：先生您的苹果汁！女士您的柠檬汁！
客　人：谢谢！
……
客　人：小姐，菜能不能上得快点？
服务员：好的，请稍等，我去厨房催一下。
……
服务员：你们的菜上齐了！请问还有什么需要的吗？
客　人：客人不用了。
……
（就餐结束）
服务员：请拿好行李，明天见！
客　人：明天见！

表 5—7 为团体包餐早餐服务技能测试表。

表 5—7 **团体包餐早餐服务技能测试表**

班级：　　　　　　　　姓名：　　　　　　　　考核时间：　　　　年　　月　　日

序号	项目	应得分	扣分	实得分	考评员签名
1	餐前准备	25			
2	恭迎宾客	15			
3	席间服务	25			
4	结账送客	15			
5	收台清理	20			
合计		100			

表 5—8 为团体包餐午、晚餐服务技能测试表。

表 5—8 **团体包餐午、晚餐服务技能测试表**

班级：　　　　　　　　姓名：　　　　　　　　考核时间：　　　　年　　月　　日

序号	项目	应得分	扣分	实得分	考评员签名
1	餐前准备	25			
2	恭迎宾客	15			
3	席间服务	25			
4	结账送客	15			
5	收台清理	20			
合计		100			

第六单元　酒 水 服 务

模块一　酒的基础知识

人们在喜庆佳节、欢迎宾朋、举家合欢时，总要喝上几杯酒以助兴致。作为餐厅服务员，了解有关酒的知识是服务宾客的需要，如果服务人员能够在宴席上对餐厅的酒水作详细的介绍，会使宴会取得更佳的效果，又能为酒店增加非常丰厚的利润，因此服务人员必须了解酒的相关知识，才能根据客人的特点或需要，准确地为客人推销并正确地为顾客提供酒的服务。

一、酒的定义和作用

酒是一种用粮食、果品等含淀粉或糖的物质经发酵制成的含乙醇的带刺激性的饮料。

酒是用含糖的原料，经发酵制得，是人们习惯性的消费品。适量饮用，有兴奋精神、舒筋活血、祛湿御寒、消除疲劳的作用。啤酒、黄酒、果酒等还具有一定的营养，可增进食欲、帮助消化、促进身体健康。酒是餐饮娱乐中不可缺少的，它能增加席间的热烈气氛，通过相互敬酒、祝酒，可增强双方的感情交流。现代餐饮服务业，经常举办各种酒会、宴会，散座宾客也离不开酒。作为一名酒店服务员必须熟悉一些酒品知识，才能更好地为广大宾客服务。

小提示

酒对人体的作用

现代医学认为："少则益，多则弊"。少饮能增加唾液、胃液的分泌，促进胃肠的消化与吸收，增进血液循环；使血管扩张、脑血流增加；令人精神兴奋，食欲增加；强心提神，促进睡眠，消除疲劳；但过量饮酒则有害于身体健康。

酒对人体益害兼有。从益来说，它既具有补养效益，又具有医疗保健性能。适当饮酒，能加速血液循环，活血化淤，减轻心脏负担，有效地预防心血管疾病；可以增加血液中的蛋白质成分，具有减缓动脉硬化和心肺病发作的危险。

二、酒的种类

世界各地酒的种类有数万种，酿酒所用的原材料和酒精含量也有很大的差异，人们为了便于了解和记忆，于是就用不同的方法将它们予以分类。如果以生产原料对酒进行分类，大致可以分为谷物酒、香料草药酒、水果酒、奶蛋酒、植物浆液酒、蜂蜜酒和混合酒七大类；如果以饮用时间来分类又有餐前酒（或称开胃酒）、佐餐酒、餐后酒和特饮酒。如果以酒精含量的不同来分类可分低度酒、中度酒和高度酒；但若以酒的性质（生产方式）来加以划分，可以分三类：蒸馏酒类（包括中国白酒、白兰地酒、威士忌酒、伏特加酒、兰姆酒、特其拉酒），发酵酒类（包括葡萄酒、啤酒、黄酒和苹果酒等），精炼和综合再制酒（包括露酒、药酒、鸡尾酒等）。

一般较为普及和广泛运用的酒类划分是以酒的性质（生产方式）来划分。

1. 蒸馏酒

将原料经过发酵使糖变成酒精后，用蒸馏方法得到酒液，再经陈酿、勾兑而成的酒。这类酒的度数通常是在35度~36度之间，除酒精具有热量外，几乎不含任何营养素，酒精含量在40%以上，称之为烈酒。

（1）白酒。白酒俗称烧酒，是一种高浓度的酒精饮料，一般为50~65度，它是高粱、玉米、甘薯等粮食，或某些果品，发酵、蒸馏制成的一种酒类。它通常没有任何颜色，而且酒精含量大都比较高，属于典型的烈性酒，白酒在我国各地均能生产，但因工艺的不同，而分成各种香型。当前，最著名的白酒有茅台酒、五粮液酒、剑南春酒、酒鬼酒等。

小提示

白酒的饮用

白酒可以净饮干喝，也可以用来帮助吃菜下饭，有时候甚至还可以泡药作引。不过，白酒不能与其他酒类和汽水、可乐等软饮料混合同饮，否则极易醉酒。在正式场合喝白酒，讲究以专用的瓷杯或玻璃杯盛酒，如图6—1所示。它们“肚量”不大，所以喝白酒讲究“酒满敬人”和“一饮而尽”。喝白酒时，通常不必加温、加冰，或以水对其稀释。

（2）白兰地。凡是用葡萄以及各种水果为原料，经过发酵、蒸馏等过程酿造而成的酒，都统称为白兰地。它的制法就是把上述过程产生的材料放入木桶中，长年储藏使它成熟。所以白兰地的前身其实就是白葡萄酒，它的酒精含量约为40度。世界上知名的白兰地酒的品牌有马爹利、轩尼诗、人头马、拿破仑等，并以产于法国干邑地区、储藏时间较长为佳。

图6—1　白酒酒杯

（3）威士忌。威士忌酒，是一种用谷物发酵酿造而成的烈性蒸馏酒。它的口味浓烈、刺激，酒精含量约为40度。威士忌分成苏格兰威士忌、爱尔兰威士忌、加拿大威士忌和美国威士忌等几种，都是以国家或产地命名。在世界各国生产的威士忌酒中，其中首推英国苏格兰地区生产的威士忌酒最为有名，其知名品牌有尊尼获加、威雀、老伯、添宝等。

小提示

白兰地及威士忌的饮用

白兰地的饮用：与白酒有所不同，以白兰地为代表的洋酒大都是以盎司计量的，因此它不讲究“酒满敬人”。饮白兰地酒的最佳温度为18℃，应将其盛在专用的大肚、收口、矮脚杯内，如图6—2所示。先以右手托住杯身观其色彩，并以手掌为其加温，随后，待其香味洋溢时，闻过之后，再慢慢小口品味，如果一饮而尽，只会被视为没有品位的“草莽英雄”。

威士忌的饮用：威士忌酒可以干喝，不过加入冰块、苏打水或姜汁后，其味道更好。喝威士忌酒时，最好采用专门的平底小玻璃杯，耐心细致地慢慢将其品尝，如图6—3所示。

图6—2　白兰地酒杯

图6—3　威士忌酒杯

（4）伏特加。伏特加语源于俄文的“生命之水”一词，当中“水”的发音“Voda”，约14世纪开始成为俄罗斯传统饮用的蒸馏酒。伏特加酒以谷物或马铃薯为原料，经过蒸馏制成高达95度的酒精，再用蒸馏水淡化至40度~60度，并经过活性炭过滤，使酒质更加晶莹清澈，无色且清淡爽口，使人感到不甜、不苦、不涩，只有烈焰般的刺激，形成伏特加酒独具一格的特色。因此，在各种调制鸡尾酒的基酒之中，伏特加酒是最具有灵活性、适应性和变通性的一种酒。

2. 发酵原酒

将原料经过发酵使糖变成酒精后，用压榨方法使酒液和酒糟分开而得到酒液，再经陈酿、勾兑而成的酒。这类酒度数偏低，通常在24度以下，除含有酒精外，还含有酿酒原料中所含的营养成分或分解产物，营养价值高于蒸馏酒。

（1）啤酒。啤酒又叫麦酒，采用麦芽和酒花为原料，采用煮出或浸出糖化法，低温储藏几个月令其发酵，味道微苦，酒精含量较低，一般在4度左右。

目前，世界各国都出产啤酒，但它主要分为德国式、捷克式、丹麦式三大类型。根据工艺的不同，又有生啤、熟啤之分，黄啤、黑啤、红啤之别。较为知名的啤酒品牌有德国的贝克、荷兰的喜力、丹麦的嘉士伯、美国的百威、日本的朝日、中国的青岛和燕京等。

小提示

啤酒的饮用

饮用啤酒，一般应采用倒三角形或带把的啤酒杯，饮用它的最佳温度在7℃左右，所以不要加冰或久冻。喝啤酒时，讲究大口饮用。

（2）黄酒。我国黄酒的种类很多。按原料、酿造方法不同可分为三类：绍兴酒、黍米黄酒（即墨老酒）、红曲黄酒。黄酒的主要成分除乙醇和水外，还有麦芽糖、葡萄糖、糊精、甘油、含氮物、醋酸、琥珀酸、无机盐及少量醛、醋与蛋白质分解的氨基酸等。因此，黄酒具有较高的营养价值。

（3）葡萄酒。葡萄酒已有6 000多年历史，其发源地可能是波斯及埃及和希腊，是以葡萄为主要原料，发酵酿制而成的一种酒类。它的酒精含量不高，味道纯美，富含营养。根据其色彩的不同，葡萄酒有白葡萄酒、红葡萄酒、桃红葡萄酒之分。根据其糖分含量的不同，又可将葡萄酒分为干、半干、微干、微甜、半甜、甜等几种。现在，干葡萄酒最流行。这里所谓的“干”，意即它基本不含糖分。在葡萄酒里，酒精含量在12度左右。在世界上，最有名气的葡萄酒产在法国的波尔多地区。

小提示

葡萄酒的饮用

葡萄酒不仅可以佐餐，而且也可以单独饮用。喝不同的葡萄酒，温度有不同要求。白葡萄酒宜在7℃左右喝，故应当加冰块。而红葡萄酒则在18℃左右饮用最佳，故不宜加冰块。喝葡萄酒时，要用专门的高脚玻璃杯。喝白葡萄酒时，要捏着杯脚；而喝红葡萄酒时，则讲究握住杯身。喝葡萄酒时兑可乐或雪碧的做法，是不正确的。

桃红葡萄酒，又叫玫瑰红葡萄酒。它的口味、喝法与白葡萄酒略同，而且因其色泽柔美，多为妇女所喜爱。

3. 配制酒

以食用酒精或者是蒸馏酒、发酵原酒作酒基，配以其他原料（如中药、花、果等）制成。这类酒种类最多，酒度通常在22度左右，加工周期短，食用价值依选用酒基和添加辅料不同而异。

（1）露酒。露酒是以蒸馏酒、发酵酒或食用酒精为酒基，以食用动植物、食品添加剂作为呈香、呈味、呈色物质，按一定生产工艺加工而成，改变了其原酒基风格的饮料酒。露酒包括花果型露酒、动植物芳香型酒、滋补营养酒等。

（2）药酒。药酒，素有“百药之长”之称，是将中药与酒（白酒或黄酒作溶剂）“溶”于一体，不仅配制方便、药性稳定、安全有效，而且因为酒精是一种良好的半极性有机溶剂，中药的各种有效成分都易溶于其中，药借酒力、酒助药势而充分发挥其效力，提高疗效。

小提示

药酒饮用须知

1. 性别方面，一般妇女在怀孕期、哺乳期不宜使用药酒；在行经期，如果月经正常，也不宜用活血功效较强的药酒。

2. 年龄方面，年龄越大，则新陈代谢越慢，服用药酒需减量。患有肝脏病、高血压、心脏病及酒精过敏者，也应予以禁用或慎用药酒。

3. 季节时令，补气药或补阳药组成的药酒，炎夏应少用为宜。

4. 忌口，一般来说，当饮用药酒时，凡属生冷、油腻、腥臭等不易消化及有特殊刺激性的食物都应避免。

（3）鸡尾酒。准确地讲，鸡尾酒并非某一种类的酒，而是一种混合型的酒。它是用各种不同的酒，以及果汁、汽水、蛋清、糖浆等其他饮料，按照一定的比例，采用专门的技法调配而成的。它的口味有浓有淡，酒精的含量有多有少，但其共同特点，则是异彩纷呈，层次分明，闪烁不定，好似雄鸡之尾，故被叫做鸡尾酒。鸡尾酒中的知名者，有好几千种，其中大名远扬的，有马提尼、红粉佳人（见图6—4）、曼哈顿（见图6—5）、血腥玛丽、亚历山大、螺丝起子、天使之吻（见图6—6）等。

图6—4　红粉佳人

图6—5　曼哈顿

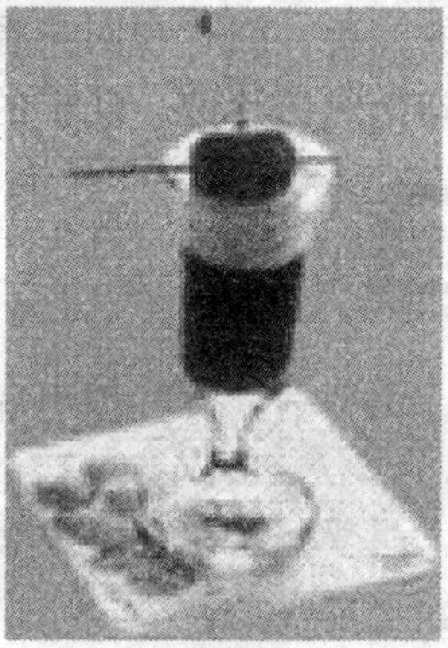

图6—6　天使之吻

模块二 中 国 酒

在中国，酒的历史比茶还漫长。在尧时，酒已流行于社会。

一、中国酒的分类和特点

中国酒品种繁多，采用经营部门的分类法，将中国酒分为白酒、黄酒、果酒、药酒和啤酒等五类。中国的名酒很多，茅台、五粮液、汾酒、泸州老窖、古井贡酒、加饭酒、张裕葡萄酒、长城干红葡萄酒等，都是享誉世界的名酒。

1. 白酒

白酒根据其原料和生产工艺的不同，形成了不同的香型与风格。白酒的香型有以下五种：

（1）清香型。清香型酒的特点是酒气清香芬芳，醇厚绵软，甘润爽口，酒味纯净。以山西杏花村的汾酒为代表，故又有汾香型之称。

（2）浓香型。浓香型酒的特点是饮时芳香浓郁，甘绵适口，饮后尤香，回味悠长，可概括为“香、甜、浓、净”四个字。以四川泸州老窖特曲为代表，故又有泸香型之称。

（3）酱香型。酱香型酒的特点是香而不艳、低而不淡、香气幽雅、回味绵长、杯空香气犹存。以贵州茅台酒为代表，故又有茅台香型之称。

（4）米香型。米香型酒的特点是蜜香清柔，幽雅纯净，入口绵甜，回味怡畅。以桂林的三花酒和全州的湘山酒为代表。

（5）复香型。兼有两种以上主体香型的白酒为复香型，也称兼香型或混香型。这种酒的闻香、回香和回味香各有不同，具有一酒多香的特点。贵州董酒是复香型的代表，还有湖南的白沙液、辽宁的凌川白酒等。

小提示

喝白酒时不能同时吃什么食物

西红柿：西红柿中含有鞣酸，与酒同时食用会在胃中形成不易消化的物质，造成肠道梗阻。

胡萝卜：胡萝卜中含有丰富的胡萝卜素，和酒同时食用会产生肝毒素，对肝脏健康不利。

核桃：两者均属热性食物，同时食用易导致上火。

柿子：酒精能刺激胃肠道蠕动，并与柿子中的鞣酸反应生成柿石，导致肠道梗阻。

牛肉：牛肉有很好的补益作用，酒也是大热之物，同食易导致便秘、口角发炎、目赤、耳鸣等。

海鲜：海鲜中含有大量的嘌呤醇，可诱发急性痛风，酒精有活血的作用，会使患痛风的几率加大。

茶：酒精在人体内先转化为乙醛，然后需要很长时间转化为乙酸，最后经肾脏排出体外。而茶中所含的茶碱有利尿作用，酒后马上饮茶，乙醛将进入肾脏，并对肾脏造成较大刺激。同时，酒精和茶都对心血管有刺激作用，同时饮用会给心脏带来很大负担，所以酒后喝茶对身体伤害很大。

2. 黄酒

黄酒的特点是酒质醇厚幽香，味感和谐鲜美，有一定的营养价值。除饮用外，黄酒还可作为中药的“药引子”。在烹饪菜肴时，它又是一种调料，对鱼、肉等荤腥菜肴有去腥提味的作用。它是我国南方和一些亚洲国家人民喜爱的酒品。

黄酒根据其原料、酿造工艺和风味特点的不同，可以划分成以下三种类型：

（1）江南糯米黄酒。江南黄酒产在江南地区，以浙江绍兴黄酒为代表，生产历史悠久。它是以糯米为原料，以酒药和面曲为糖化发酵剂酿制而成。其酒质醇厚，色、香、味都高于一般黄酒，存放时间越长越好。由于原料的配比不同，加上酿造工艺的变化，形成了各种风格的优良品种，主要品种有状元红、加饭酒、花雕酒、善酿酒、香雪酒、竹叶青酒，酒精度为13度~20度，如图6—7所示。

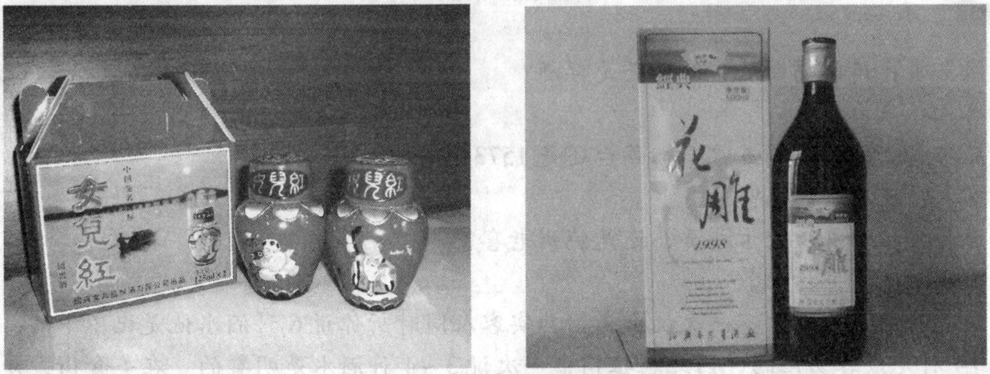

图6—7 江南糯米黄酒

（2）福建红曲黄酒。福建红曲黄酒以糯米、粳米为原料，以红曲为糖化发酵剂酿制而成。其代表品种是福建老酒和龙岩沉缸酒，具有酒味芬芳、醇和柔润的特点。酒度在15度左右。

（3）山东黍米黄酒。黍米黄酒是我国北方黄酒的主要品种，最早创于山东即墨，现在北方各地广泛生产。它以黍米为原料，以米曲霉制成的麸曲为糖化剂酿制而成，具有酒液浓郁、清香爽口的特点，在黄酒中独具一格。即墨黄酒分为清酒、老酒、兰陵美酒等品种。酒精度在12度左右。

3. 果酒

各种果酒大都以果实名称命名，果酒因选用的果实原料不同而风味各异，但都具有其原料果实的芳香，并具令人喜爱的天然色泽和醇美滋味，果酒中含有较多的营养成分，如糖类、矿物质和维生素等。由于人们更喜欢用葡萄来酿造酒，所以果酒可分成葡萄酒类和其他果酒类。葡萄酒的特点后面将专门介绍。其他果酒有苹果酒、山楂酒、杨梅酒、广柑酒、菠萝酒等。果酒除葡萄酒外，其他果酒的产量比较少。

4. 药酒

药酒是以成品酒（大多用白酒）为酒基，配各种中药材和糖料，经过酿造或浸泡制成。药酒可分为两大类：一类是滋补酒，它既是一种饮料酒，又有滋补作用，如竹叶青酒、五味子酒、男士专用酒、女士美容酒；另一类是利用酒精提取中药材中的有效，以提高药物的疗效，此种酒是真正的药酒，大都在中药店出售。

5. 啤酒

啤酒的特点是有显著的麦芽和啤酒花的清香，味道纯正爽口。啤酒含有大量的二氧化碳和丰富的营养成分，能帮助消化，促进食欲，有清凉舒适之感，深受人们的喜爱。啤酒中含有11种维生素和17种氨基酸。1升啤酒经消化后生产的热量，相当于10个鸡蛋，或500克瘦肉、或200毫升牛奶所生产的热量，故有“液体面包”之称。

小提示

酒水推销技巧

服务员：请问喝白酒、红酒还是啤酒？

客人：来白酒吧。

服务员：请问是喝五粮液、茅台还是1573？

客人：还有别的吗？

服务员：水井坊、古井贡、还是泸州老窖？

客人：来水井坊吧。

这6种酒水为什么不一次说出来？其实客人同时听你说6种酒水他是记不下的，而只说3～4种是最容易记的，因此在推销中一次说3～4种酒水是明智的。在美食街，夏天男士先推销啤酒，女士推饮料。对女士直接推销方法是最好的。

二、中国的主要名酒

1. 茅台酒

茅台酒为中国国酒，蝉联五届国家名酒金奖，实现了国内金奖五连冠，连续荣获四次国际金奖（包括亚洲之星包装奖和第三世界广告一等奖），以独特的色、香、味为世人称颂；以清亮透明醇香回甜而甲天下，产量逐年上升，销售到50多个国家和地区。茅台酒酒精度一般为52度～54度，是世界三大名酒之一，产于贵州省仁怀县茅台镇，已有800

多年的历史，1915 年在巴拿马万国博览会上荣获金质奖章、奖状。新中国成立后，茅台酒又多次获奖，远销世界各地，被誉为世界名酒、“祖国之光”。

茅台酒为酱香型大曲白酒。据专家们分析，其酒内含有 70 多种成分，因此构成了酱香、醇甜香和窖底香合成的特殊风味。虽酒度为 53 度 ~ 55 度，但酒液晶莹透明，口感醇厚柔和，无烈性刺激感，入口酱香馥郁，回味悠长，余香绵绵，为酱香型白酒的典型，形成了茅台酒举世无双、独有奇特的风格。

酿制茅台酒的用水主要是赤水河的水，赤水河水质好，用这种入口微甜、无溶解杂质的水经过蒸馏酿出的酒特别甘美。故清代诗人曾有“集灵泉于一身，汇秀水东下”的咏句赞美赤水河。

2. 西凤酒

西凤酒产于陕西翔县柳林镇。此酒属复合香型大曲白酒，“酸、甜、苦、辣、香”五味俱全，且诸味谐调，酒液清澈透明，甘润挺爽，有水果香，回味舒畅，以其风味独特跻身于名酒之林，驰名中外。

西凤酒为世界名酒。1910 年曾参加南洋劝业会的展销评比，荣获二等奖；1952 年在中国第一届全国评酒会上被评为八大名酒之一。此后，又分别在第二、第四、第五届全国评酒会上三次被评为国家名酒，并荣获金质奖章。

3. 剑南春

绵竹剑南春酒，产于四川省绵竹县，因绵竹在唐代属剑南道，故称“剑南春”。四川的绵竹县素有“酒乡”之称，绵竹县因产竹产酒而得名。早在唐代就产闻名遐迩的名酒——“剑南烧春”，相传李白为喝此美酒曾在这里把皮袄卖掉买酒痛饮，留下“士解金貂”“解貂赎酒”的佳话。北宋苏轼称赞这中蜜酒“三日开瓮香满域”“甘露微浊醍醐清”，其酒之引人可见一斑。

现今酒厂建于 1951 年 4 月，1979 年第三次全国评酒会上，首次被评为国家名酒。剑南春以高粱、大米、糯米、玉米、小麦为原料酿成，无色透明，芳香浓郁，醇厚回甜，清冽净爽，余味悠长，有独特的曲酒之香，酒精度为 60 度、52 度、38 度三种。在 1922 年和 1928 年先后获四川省劝业会一等奖和国货展览会章、奖状。新中国成立后，在第三、第四、第五届全国评酒会上，连续三次蝉联全国名酒称号，并荣获国家质量金奖，今日，四川省绵竹县剑南春厂生产的“老酒”（剑南春牌剑南春），因为它芬芳如玫瑰，故又有“玫瑰老酒”的美称，具有“无色透明、芳香浓郁、醇和回甜，甘洌爽净，余味悠长”的特点，成为我国酒坛上一朵芬芳吐艳的新花。

4. 五粮液

产于四川宜宾市五粮液酒厂，因以五种粮食（高粱、大米、糯米、玉米、小麦）为原料而得名。水取自岷江江心，质地纯净，发酵剂用纯小麦制成“包包曲”，香气独特。五粮液酒液清澈透明，开瓶时喷香突起，浓郁扑鼻，属浓香型酒。酒味醇厚、香醇甜净、柔和甘美，风格独特，饮后余香不尽。

五粮液酒的发展历史也可以追溯至唐代，那时并不叫五粮液，酒的成分、质量也非今日的五粮液。大约150年前，宜宾酿造出以五种粮食（高粱、大米、酒米、荞麦、玉米）为原料的酒，当时叫“杂粮酒”，直到20世纪20年代末才改称五粮液。现今五粮液厂原有的发酵酒窖还是明清两代所建，足见其历史久远。

新中国建立后，宜宾五粮液酒厂在继承传统操作方式的基础上，对生产工艺进行了大胆的革新，对“秘方”在科学试验的基础上作了改变，将荞麦换成小麦，反复调整配方比例，从而使成品酒基本上去掉了残留的苦、涩，使其更加芳香、醇和、甘美、清爽，特别是突出了喷香，风味日趋完善。

5. 汾酒

汾酒的产地在山西省汾阳县杏花村，以晋中平原所产的“一把抓”高粱为原料，用大麦、豌豆制成的“青茬曲”为糖化发酵，取古井和深井的优质水为酿造用水。这口有优美传说的古井之水，与汾酒的品质有很大关系。汾酒发酵仍沿用传统的古老“地缸”发酵法，酿造工艺为独特的“清蒸二次清”。操作特点则采用二次酵法，即先将蒸透的原料加曲埋入土中的缸内发酵，然后取出蒸馏，蒸馏后的酒醅再加曲发酵，将两次蒸馏的酒配合后方为成品。

汾酒酒液无色透明，清香雅郁，入口醇厚绵柔而甘洌，余味清爽，回味悠长，酒精度高（65度、53度）而无强烈刺激之感。其汾特佳酒（低度汾酒）为38度酒。汾酒纯净、雅郁的清香为我国清香型白酒的典型代表，故人们又将这一香型俗称“汾香酒”。

1915年，汾酒在巴拿马万国博览会上获一等金质奖，1953年、1963年、1979年三次获国家名酒称号，1980年获国家金质奖章。在全国名酒中，汾酒的历史最为悠久。

6. 双沟大曲

产于江苏省泗洪县双沟镇。1984年第四次全国评酒会后，该酒以“色清透明，香气浓郁，风味协调，尾净余长”的浓香型典型风格连续两次被评为国家名酒。

7. 洋河大曲

洋河大曲为江苏省泗阳县洋河酒厂所产，清初已闻名于世。“闻香下马，知味停车；酒味冲天，飞鸟闻香化凤；糟粕入水，游鱼得味成龙；福泉酒海清香美，味占江南第一家”。洋河大曲酒度分64度、62度和55度。酒液无色透明，醇香浓郁，余味爽净，回味悠长，是浓香型大曲酒，有“色、香、鲜、浓、醇”的独特风格。曾被列为中国的八大名酒之一，至今已有300多年的历史。现洋河大曲的主要品种有洋河大曲（55度）、低度洋河大曲（38度）、洋河敦煌大曲和洋河敦煌普曲四种。

8. 古井贡酒

产于安徽亳县古井贡酒厂。厂内一口古井已有1 400年历史。当地多盐碱，水味苦涩，独此井之水清澈甜美，用以酿酒，酒香浓郁，甘美醇和，该井被称为“天下名井”。自明万历年间就为进贡之酒。古井贡酒酒液清澈透明，香如幽兰，黏稠挂杯，余香悠长，其酒精度为60度~62度。古井贡酒属于浓香型白酒，具有“色清如水晶，香醇如幽兰，入口甘美醇和，回味经久不息”的特点。

9. 泸州老窖特曲酒

产于四川泸州，明末清初以“温永盛”和“天成生”两家酒厂最为著名。“温永盛”创于清雍正七年，最老的窖已有370多年的历史，筑窖时对泥质要求必须黏性好，磷、氮丰富的肥沃土壤，适宜细菌的繁殖。窖越老，菌越多，采用老窖发酵续糟配料，因此酒香很浓。泸州老窖特曲具有“浓香、醇和、味甜、回味长”的特色，饮后心神愉快，已成为浓香型白酒的典型，分为60度和55度两种。喝时无辛辣感，只觉回肠转气、香沁肌骨。泸州老窖特曲于1952年被国家确定为浓香型白酒的典型代表。泸州老窖池于1996年被国务院确定为我国白酒行业唯一的全国重点保护文物，被誉为“国宝窖池”。泸州老窖国宝酒是经国宝窖池精心酿制而成，是当今最好的浓香型白酒。

泸州老窖特曲酒不仅为国内广大群众所喜爱，而且畅销于欧、亚诸国，受到普遍欢迎，特别为东南亚各国人民和侨胞所欣赏，在国际市场上成为质量稳定的名酒，为祖国赢得了荣誉。

10. 董酒

产于贵州省遵义市董酒厂，酒度60度，因厂址坐落在北郊董公寺而得名。董酒是我国白酒中酿造工艺最为特殊的一种酒品。它采用优质黏高粱为原料，以“水口寺”地下泉水为酿造用水，小曲、小窖制取酒醅，大曲、大窖制取香醅，酒醅香醅串烧而成。风格即有大曲酒的浓郁芳香，又有小曲酒的柔绵、醇和、回甜，还有淡雅舒适的药香和爽口的微酸。1929—1930年由程氏酿酒作坊酿出董公寺窖酒，1942年定名为“董酒”。1957年建立遵义董酒厂，1963年第一次被评为国家名酒，1979年后多次被评为国家名酒。董酒的香型既不同于浓香型，也不同于酱香型，而属于其他香型。该酒的生产方法独特，将大曲酒和小曲酒的生产工艺融合为一体。

模块三　外国酒

外国酒是进口酒类的总称，也称洋酒，包括烈酒、啤酒、葡萄酒、利口酒（Liqueur）等不同酒精含量的酒水品种。在酿酒史中，西方国家的酒主要从三个方面发展，一是谷物及果实类酒的酿制和蒸馏；二是葡萄酒类的配制；三是各种甜酒和草药甜酒的制作。洋酒主要有配餐饮用、饮用前可再次调、长年陈酿、注意保藏等特点。

小提示

洋酒配餐饮用

什么菜肴食品配饮什么酒水是外国酒的特点之一。如餐前饮开胃酒，进餐中饮用葡萄酒，餐后饮用甜酒、白兰地酒。人们在享用西餐时，在不同的用餐时间段，饮用不同的酒。以葡萄酒为例，在食用肉类、野味及家禽类食物时，由于这类食品脂肪多、肉味香，需配饮味浓的酒；在食用海鲜类、鱼类及甜品等食物时，需配饮清淡的酒。

通常配餐饮用的酒水搭配方法是：食用海鲜、蔬菜、甜点时配饮白葡萄酒；食用烤鸡及肉类时配饮红葡萄酒；食用牛排时，配饮浓味红葡萄酒。玫瑰红葡萄酒不甜但较烈，可与任何食物搭配饮用。

外国酒按其酿造方法，可分为蒸馏酒、酿造酒、配制酒。

一、外国常见蒸馏酒

把经过发酵的原酒，经过一次或多次蒸馏过程提取的高度酒叫蒸馏酒。常见的有：朗姆酒、白兰地、威士忌、金酒、伏特加等。

1. 朗姆酒

朗姆酒是古巴人的一种传统饮料，朗姆酒属于天然产品，由制糖甘蔗加工，经过发酵，蒸馏陈酿而制成的蒸馏酒。酒精度分别为38度和40度。一般可以分为三种类型：口感柔和、清淡的温和型朗姆、放入焦烤过的橡木桶来陈年的浓烈型朗姆，以及介于温和、浓烈型的中间型朗姆酒；若从色泽上来分的话，则可分为：白朗姆酒、金黄朗姆酒和黑朗姆酒。目前主要的牌子有百加得朗姆酒、加勒比白朗姆酒、摩根上尉朗姆酒、白牌“混血姑娘”朗姆酒等。

小提示

朗姆酒的分类

朗姆酒根据不同的原料和酿制方法分类，可分为朗姆白酒（White Rum）、朗姆酒老酒（Old Rum）、淡朗姆酒（Light Rum）、传统朗姆酒（Traditional Rum）和浓香朗姆酒（Greal Aroma Rum）五种。朗姆白酒是一种新鲜酒，酒体清澈透明，香味清新细腻，口味甘润醇厚，酒精度55度左右。朗姆老酒需陈酿3年以上，呈橡木色，酒香醉浓优雅，口味醇厚圆正，酒精度在40度~43度之间。淡朗姆酒是在酿制过程中尽可能提取非酒精物质的朗姆酒，陈酿1年，呈淡黄棕色，香气淡雅、圆正，酒精度40度~43度，多做混合酒的基酒。传统朗姆酒陈酿8~12年，呈琥珀色，在酿制过程中加焦糖调色，甘蔗香味突出，有时称为黑朗姆，也用来做鸡尾酒的基酒。浓香朗姆酒也叫强香朗姆酒，是用各种水果和香料串香而成的朗姆酒，酒香浓郁，酒精度为54度

朗姆酒的产区众多，各有特色，主要有：波多黎各朗姆酒（Puerto Rico Rum）、牙买加朗姆酒（Jamaica Rum）、维尔京群岛朗姆酒（Virgin Island Rum）、巴巴多斯朗姆酒（Barbados Rum）、圭亚那朗姆酒（Guyana Rum）、海地朗姆酒（Haiti Rum）、巴达维亚朗姆酒（Batauia Rum）、夏威夷朗姆酒（Hawaii Rum）、新英格兰朗姆酒（New England Rum）。

朗姆酒的名品有百家得（Bacardi）、摩根船长（Captain Morgan）、哈瓦那俱乐部（Havana Club）、混血姑娘（Mulata）、圣卡洛斯（San Carlos）、波谷伊（Bocoy）等。

2. 白兰地

白兰地（Brandy）是世界名佳酿，原产于荷兰，该名来源于荷兰语“Brandwijn”，英语称为“Brandy”，是用发酵过的葡萄汁液，经过两次蒸馏而成。最好的白兰地是由不同酒龄、不同来源的多种白兰地勾兑而成。勾兑的白兰地酒精度在国际上一般标准是42度~43度。法国是酿制白兰地最闻名的地方，其中以干邑白兰地尤为驰名，口味高雅醇和，具有特殊的芳香。人头马、轩尼诗、马爹利和路易十三都是著名的法国白兰地品牌。

世界很多国家都出产白兰地，但以法国白兰地为最好。法国是世界著名的白兰地产地，无论是质量还是数量，都居世界领先地位。在法国所有的白兰地产地中，以干邑和雅邑白兰地最负盛名，干邑和雅邑也代表了世界高品质的白兰地。

（1）干邑白兰地（Cognac）。众所周知，白兰地最著名的产地当属法国，然而当人们提到极品白兰地的时候，不是泛指法国白兰地，而是指干邑白兰地。干邑是法国南部的一个地区，位于夏朗德省（Charente）境内。干邑地区的土壤、气候、雨水等自然条件特别有利于葡萄的生长，因此，这个地区所生产的葡萄是全世界首屈一指的，但这并不是说好的葡萄就一定可以酿出优质的白兰地。干邑是法国白兰地最古老、最著名的产区，干邑地区生产的白兰地有其悠久的历史和独特的加工酿造工艺。干邑之所以享有盛誉，与原料、土壤、气候、蒸馏设备及方法、老熟方法密切相关，干邑白兰地被称为“白兰地之王”。

干邑白兰地酒体呈琥珀色，清亮透明，口味讲究，风格豪壮英烈、十分独特，酒精度为43度。干邑白兰地的名品很多，远销世界各地，常见的有人头马V. S. O. P（Remy Martin V. S. O. P）、马爹利V. S. O. P（Martell V. S. O. P）、轩尼诗V. S. O. P（Hennessy V. S. O. P）、拿破仑V. S. O. P（Courvoisier V. S. O. P）、人头马俱乐部（Remy Martin Club）、轩尼诗X. O（Hennessy X. O）、马爹利X. O（Martell X. O）、人头马X. O（Remy Martin X. O）、人头马路易十三（Remy Martin Louis XIII）、天堂轩尼诗（Hennessy Paradise）等。V. S. O. P以下级别的杂牌较多，质量也参差不齐。

（2）雅邑白兰地（Armagnac）。仅次于干邑白兰地的是雅邑白兰地。雅邑位于干邑南部，即法国南部的热尔省境内，以产深色白兰地驰名，虽没有干邑著名，但风格很接近。酒体呈琥珀色，发黑发亮，因储存时间较短，所以口味烈。陈年或远年的雅邑白兰地酒香袭人，其风格稳健沉着，醇厚浓郁，回味悠长。酒香留杯许久，有时可达一星期之久，酒精度为43度。当地人更偏爱雅邑。雅邑也是受法国法律保护的白兰地品种。只有雅邑当地产的白兰地才可以商标上冠以Armagnac字样。雅邑白兰地的名品有卡斯塔浓（Castagnon）、夏博（Chabot）、珍尼（Janneau）、索法尔（Sauval）、桑卜（Semp）。

小提示

关于洋酒 XO、VSOP 的含义

很多的白兰地上面都有 XO 和 VSOP 等标志，并不是这种酒的名字是叫什么 XO 或 VSOP，在中国，很多人都是习惯性地说什么 XO，其实这是一个误区，白兰地里的 XO 和 VSOP 都是代表这种系列酒的原浆酒的陈酿期，比如说 XO 就是原浆酒的陈酿期是12～50年甚至更长，而 VSOP 陈酿期是5～10 年。

3. 威士忌

威士忌是由大麦等谷物酿制；在橡木桶中陈酿多年后，调配成 43 度左右的烈性蒸馏酒。"威士忌"一词出自爱尔兰方言，意为"生命之水"。最著名、最具代表性的威士忌分别是苏格兰威士忌、爱尔兰威士忌、美国威士忌和加拿大威士忌四大类。

苏格兰威士忌是世界上最好的威士忌之一，分为纯麦威士忌（如仅以大麦芽酿成的格兰威特威士忌）和混合威士忌（如芝华士、百龄坛、尊尼获加，它是以各种大麦和谷物苏格兰威士忌混合调配而成），酒味独特、口感烈，醇厚、劲足、圆正绵柔。

（1）苏格兰威士忌（Scotch Whisky）。苏格兰有四个生产威士忌的区域，即高地、低地、康倍尔镇和伊莱，这四个区域生产的产品各有独特风格。

苏格兰威士忌分为纯威士忌（Straight Whisky）和混合威士忌（Blended Whisky）两大类。所谓纯威士忌，是以一种原料加工酿制而成的，通常纯麦威士忌（Straight Malt Whisky）。而混合威士忌通常指的是谷物威士忌（Grain Whisky）和兑和威士忌（Blended Scotch Whisky）。

（2）爱尔兰威士忌（Irish Whiskey）。爱尔兰制造威士忌据说至少有 700 多年的历史了，还有一些专家和权威人士认为蒸馏技术起源于爱尔兰，而后传到苏格兰的。

爱尔兰威士忌是以 80% 的大麦为主要原料，混以小麦、黑麦、燕麦、玉米等为配料，制作程序与苏格兰威士忌大致相同。另外，爱尔兰威士忌在口味上没有那种烟熏味道，是因为在熏麦芽时，所用的不是泥煤而是无烟煤。爱尔兰威士忌陈酿时间一般为 8～15 年，成熟度也较高，因此口味较绵柔长润，并略带甜味。蒸馏酒液一般高达 86 度，用蒸馏水稀释后陈酿，装瓶出售时酒精度为 40 度，名品有约翰·詹姆森父子（John Power And Sons）、老布什来尔（Old Bush Mills）、帕蒂（Paddy）、特拉莫尔露（Tullamore Dew）等。

（3）美国威士忌（American Whiskey）。美国威士忌与苏格兰威士忌在制法上大致相似，但所用的谷物不同，蒸馏出的酒精，以玉米、黑麦、大麦或小麦为原料，制成后储存在炭化的橡木桶中至少两年。此酒又细分为以下四种：

1）波本威士忌（Bourbon Whiskey）。波本是美国肯塔基州（Kentucky）的一个地名。波本威士忌是用51%～75%的玉米谷物发酵蒸馏而成的，在新的内壁经烘炙的白橡木桶中陈酿 4～8 年，酒液呈琥珀色，原体香味浓郁，口感醇绵柔，回味悠长，酒精度为 43.5

度。波本威士忌并不意味着必须生产于肯塔基州波本县。

2）黑麦威士忌（Rey Whiskey）。黑麦威士忌是用51%以上的黑麦及其他谷物制成的，颜色为琥珀色，味道与波本不同，略感清冽。

3）玉米威士忌（Corn Whiskey）。玉米威士忌是用80%以上的玉米和其他谷物制成，用旧的炭橡木桶储存。

4）保锐威士忌（Bottled in Bond）。保锐威士忌是一种纯威士忌，通常是波本或黑麦威士忌，是在美国政府监督下制成的。政府不保证它的质量，只要求至少陈年4年，酒精纯度在装瓶为100proof，必须是一个酒厂所造，装瓶也为政府所监督。

（4）加拿大威士忌。加拿大威士忌在国外比国内更有名气，它的原料构成受国家法律条文的制约，主要酿制原料为玉米、黑麦，再掺入其他一些谷物原料，但没有一种谷物超过50%的，并且各个酒厂都有自己的配方，比例都保密。加拿大威士忌在酿制过程中需两次蒸馏，然后在橡木桶中陈酿两年以上，再与各种烈酒混合后装瓶，装瓶时酒精度为45度。一般上市的酒都要陈年6年以上，如果少于4年，在瓶盖上必须注明。加拿大威士忌酒色棕黄，酒香芬芳，口感轻快爽适，酒体丰满，以淡雅的风格著称。

加拿大威士忌的名品有加拿大俱乐部（Canadian Club）、西格兰姆斯特醇（Segram's V. O）、米·盖伊尼斯（Me Guinness）、辛雷（Schenley）、怀瑟斯（Wiser's）、加拿大之家（Canadian House）等。

小提示

如何品尝威士忌

第一步是看颜色。每一种威士忌都有其特有的色泽，从浅金黄色到深棕色，色泽是在成熟阶段产生的。威士忌储藏在不同的酒桶，如旧的贮藏过波旁、雪利、波特、马德拉等葡萄酒的酒桶和橡木桶中缓慢成熟时，酒桶中已凝孕的色泽和风味会慢慢地传递到威士忌中，形成威士忌的特点。

第二步是闻香气。首先倒一点威士忌到玻璃杯中，用手把玻璃杯盖住一会儿，然后轻轻地移开手让威士忌的香气散发出来。威士忌勾兑师们在勾兑混合威士忌时，用的是带把嘴的玻璃杯来闻，其行话称为“鼻嗅”（nose）威士忌，这种玻璃杯的形状和雪利酒杯有点相像，它可以限制酒的蒸发，更容易分辨出不同的香气。然后手从酒杯口上完全移开，旋荡杯中的威士忌，使其他的芳香也都释放出来。

最后就是尝味道了。慢慢地啜饮一口威士忌，用舌头把它在嘴里回荡一圈，威士忌的香味将溢满整个口腔，口腔中的不同部位会感觉到不同的味道。

4. 金酒

金酒是从发酵的谷物浆汁中蒸馏而来的一种烈酒，所用谷物为玉米、大麦、小麦和裸麦，它的主要加味物质为杜松子，所以又名杜松子酒，酒精的含量为34%～47%。主要分为伦敦干金酒，是一种无色的干金酒，加味较淡，基础烈酒绝对纯净；荷兰金酒，加味较浓且非常芳香；老汤姆金酒，加入了糖浆而富有了甜味；野梅金酒，是一种以金酒为基酒，用野梅来加味而成的一种烈酒。

金酒可分为荷式金酒、英式金酒和美式金酒三大类。

（1）荷式金酒。荷式金酒产于荷兰，主要的产区集中在斯希丹一带，是荷兰人的国酒。荷式金酒色泽透明清亮，酒香味突出，香料味浓重，辣中带甜，风格独特，无论是纯饮或加冰都很爽口，酒精度为52度左右。因香味过重，荷式金酒适于纯饮，不宜做混合酒的基酒，否则会破坏配料的平衡香味。

荷式金酒在装瓶前不可储存过久，以免杜松子氧化而使味道变苦，而装瓶后则可以长时间保存而不降低质量。新亲王叫Jonge，陈酒叫Oulde，老陈酒叫Zeet oulde。比较著名的酒牌有亨克斯（Henkes）、波尔斯（Bols）、邦克马（Bokma），哈瑟坎坡（Hasekamp）等。

（2）英式金酒。英式金酒又称伦敦干金酒，意思是指不甜、不带原体味，口味与其他酒相比，比较淡雅。英式金酒的生产过程较荷式金酒简单，它是用食用酒和杜松子及其他香料共同蒸馏而得的干金酒。由于干金酒酒液无色透明，气味奇异清香，口感醇美爽适，既可单饮，又可与其他酒混合配制或作为鸡尾酒的基酒，所以深受世人的喜爱。

英式金酒的商标有Dry Gin、Extra Dry Gin、Very Dry Gin、London Dry Gin和English Dry Gin，这些都是英国上议院给金酒一定地位的记号。著名的酒牌有英国卫兵（Beefeater）、歌顿金（Gordon's）、吉利蓓（Gilbey's）、仙蕾（Schenley）、坦求来（Tanqueray）、伊丽莎白女王（Queen Elizabeth）、老女士（Old Lady's）等。

小提示

伦敦干金酒的饮法

可以冰镇后纯饮，冰镇的方法有很多，例如：将酒瓶放入冰箱或冰桶，或在倒出的酒中加冰块，但大多数客人喜欢将之用于混饮（即做混合酒的基酒）。

（3）美式金酒。美国金酒为淡金黄色，因为与其他金酒相比，它要在橡木桶中陈年一段时间。美国金酒主要有蒸馏金酒（Distiled Gin）和混合金酒（Mixed Gin）两大类。通常情况下，美国的蒸馏金酒在瓶底部有“D”字，这是美国蒸馏金酒的特殊标志。

5. 伏特加

伏特加酒又名俄得克，最早出现于俄国，其名称来源于俄国和波兰的国酒，是北欧寒冷国家十分流行的烈性饮料，“伏特加”是苏联人对“水”的昵称。

伏特加酒以谷物或马铃薯为原料，经过蒸馏制成高达95度的酒精，再用蒸馏水淡化至40度~60度，并经过活性炭过滤，使酒质更加晶莹澄澈，无色且清淡爽口，不甜、不苦、不涩，只有烈焰般的刺激，形成伏特加酒独具一格的特色。伏特加酒分两大类：一类是无色，无杂味的上等伏特加；另一类是加入各种香料的伏特加。俄罗斯是生产伏特加酒的主要国家，也是北欧寒冷国家十分流行的烈性饮料，伏特加流行的牌子有斯密诺伏特加、米亚赫科夫伏特加、绝对伏特加等。

（1）俄罗斯伏特加。俄罗斯伏特加酒液透明，除酒香外，几乎没有其他香味，口味凶烈，劲大冲鼻，火一般的刺激。其名品有波士伏特加（Bolskaya）、苏联红牌（Stolichnaya）、苏联绿牌（Mosrovskaya）、柠檬那亚（Limonnaya）、斯大卡（Starka）、朱波罗夫卡（Zubrovka）、俄国卡亚（Kusskaya）、哥丽尔卡（Gorilka）。

（2）波兰伏特加。波兰伏特加比俄罗斯伏特加酒体丰富，更富韵味，名品有蓝牛（Blue Rison）、朱波罗卡（Zubrowka）等。

（3）其他国家和地区的伏特加。除俄罗斯与波兰外，其他生产伏特加较著名的国家还有：英国、美国、芬兰、法国、加拿大。

二、外国常见酿造酒

酿造酒也可以称为原汁酒，酿造酒中最大的一类是葡萄酒。葡萄酒按其含糖量的多少，可分为干型、半干型、半甜型和甜型4种口味。按照国际上的分类方法，葡萄酒可以分成佐餐葡萄酒（无气葡萄酒）、含气葡萄酒、强化葡萄酒和加味葡萄酒4类。

1. 佐餐葡萄酒

包括红葡萄酒、白葡萄酒和玫瑰红葡萄酒，由天然葡萄发酵而成，酒精度在15度以下。在温度20℃的条件下，瓶内气压低于一个大气压的都是无气葡萄酒。

（1）红葡萄酒。该酒是用紫皮葡萄连皮连种子一起压榨取汁，经自然发酵酿制而成。由于葡萄皮中的色素溶进酒液中，使酒液呈红色。红葡萄酒一般储存时间4~10年的，其味道正好。通常都在室温下饮用，18℃为最佳饮用温度。

（2）白葡萄酒。该酒是用白葡萄去掉皮和种子后，压榨取汁发酵制成的。储存时间较短，一般2~5年即可饮用。具有怡爽清香，健胃去腥的特点。饮用前需降温处理，一般在10~12℃饮用最为合适。

（3）玫瑰红葡萄酒。该酒在酿造过程中采用了一些特殊的方法，如用紫葡萄和白葡萄混合榨汁，有的在白葡萄酒中浸入紫葡萄皮，使酒液呈现出玫瑰红色。储存期较短，一般2~3年即可饮用。饮用温度为12~14℃，即稍微冷却一下饮用。

佐餐葡萄酒的生产国很多，法国是红、白葡萄酒的著名产地，生产出上百种名牌葡萄酒。除此之外，意大利、德国、西班牙、美国等，都是葡萄酒的主要生产国。

2. 含气葡萄酒

包括香槟酒和各种含气的葡萄酒。香槟酒是法国香槟地区生产的葡萄汽酒，其制作工艺讲究，酒味独特。法国政府以法律形式规定，只有在香槟地区生产的汽酒才可称为香槟酒，其他地区生产的只能称为葡萄汽酒。

香槟酒是用去皮和种子的紫葡萄和白葡萄酿制而成的，由于葡萄汁在发酵过程中产生大量的气体，酒液中的二氧化碳气体是天然形成的，所以独具一格。酒精度是 11 度左右，饮用温度以 4～8℃为宜。酿造香槟酒一般需要 3 年时间，以 6～8 年的陈酿最受人欢迎。香槟酒一般以生产者命名，较著名的有莫埃武当（Most Chandon）、宝林歇（Bollinger）、佩里埃·汝爱（Perrier Jouet）、查理·海德西克（Charles Heldsieck）。

3. 强化葡萄酒

此类酒在酿造过程中加入白兰地，使酒精度达到 17 度～21 度，包括波特酒、雪利酒等。

（1）波特酒（Port）。以葡萄牙生产的最为有名。波特酒大都为红葡萄酒，也有少量干白波特酒。波特酒根据生产工艺的不同，有陈酿波特、酒垢波特、宝石红波特和茶色波特。干白波特酒适宜作开胃酒品，而茶色波特酒则宜在食用奶酪时饮用。

名牌的波特酒有：克罗夫特（Croft）、圣地门（San deman）、泰勒（Taylor's）。

（2）雪利酒（Sherry）。产于西班牙的加的斯，以当地所产葡萄酒勾兑白兰地酒制成，陈酿时间长达 15 年左右。该酒分为两大类：一类呈淡黄色而明亮，给人以清新之感；另一类呈金黄棕红色，透明度极好，香气浓郁扑鼻，具有典型的核桃仁香味，越陈越香。

该酒的名牌有：天杯雪利酒（Tiopepe）、潘马丁雪利酒（Pemartin）、圣地门雪利酒（Sandeman）。

4. 加味葡萄酒

这类酒不是在一般葡萄酒中添加香草、果实、蜂蜜等，有的则添加烈酒。比较有代表性的加味葡萄酒是味美思酒，这类酒严格说来也不是纯粹的葡萄酒。

味美思酒是以白葡萄酒为主要成分，加上大约有近 30 种各种各样的香料配制而成。生产味美思的配方从来都是保密的。味美思酒分四类，即干味美思、白味美思、红味美思和都灵味美思。味美思酒在西餐中是作为餐前开胃酒来饮用的。味美思的著名产地是意大利和法国。

著名的味美思酒有：意大利马蒂尼味美思（Martini）、意大利仙山露味美思（Cinzano）、意大利干霞味美思（Goncia）、法国诺丽·普拉味美思（Noilly Part）。

小提示

葡萄酒与粤菜的关系

粤菜主要以海鲜为主，肉食和蔬菜为辅，而且以汤及点心来点缀，由于信息传播和人流时间距离的缩短，促使粤菜在肉食菜肴方面的加强和提升，但是味觉口感依然保持粤式风格。在粤菜馆进餐，最好是根据所点的菜来搭配佐餐葡萄酒，如果海鲜偏多，最好是选择喝白葡萄酒，因为它的碱性能较好地中和海鲜中的酸性物质，使味觉更好，同时海鲜中的高蛋白积淀会使胆固醇超标和血管细化，所以在餐前先喝一杯，梳理一下消化系统，提高它们的警觉，更好地参与对蛋白质的分解；如果是以肉食为主，则要选择红葡萄酒，因为红葡萄酒去油腻能力极强，助胃动力比其他食物更快、更直接。同时，为配合口感，粤菜一般要选择清淡果香型的葡萄酒，口感甘而不甜，细腻轻纯，更能感受菜肴的清淡鲜润，诱口回味的风格。

三、外国配制酒

配制酒，又称调制酒，是酒类里面一个特殊的品种，不能专属于哪个酒的类别，是混合的酒品。

配制酒是一个比较复杂的酒品系列，它的诞生晚于其他单一酒品，但发展却很快。配制酒主要有两种配制工艺，一种是在酒和酒之间进行勾兑配制，另一种是以酒与非酒精物质（包括液体、固体和气体）进行勾调配制。

配制酒是以发酵酒、蒸馏酒或食用酒精为酒基，加入可食用的花、果、动植物或中草药，或以食品添加剂为呈色、呈香及呈味物质，采用浸泡、煮沸、复蒸等不同工艺加工而成的改变了其原酒基风格的酒。配制酒分为植物类配制酒、动物类配制酒、动植物配制酒及其他配制酒。

配制酒的酒基可以是原汁酒，也可以是蒸馏酒，还可以两者兼而用之。配制酒较有名的也是欧洲主要产酒国，其中法国、意大利、匈牙利、希腊、瑞士、英国、德国、荷兰等国的产品最为有名。

配制酒可以分成三类，即开胃酒、甜食酒和利口酒。

1. 开胃酒

能够作为开胃酒的酒品很多，如香槟酒、威士忌、金酒、伏特加，以及某些品种的葡萄酒和果酒。这里主要介绍以食用酒精为主酒的开胃酒。

（1）茴香酒。茴香酒是用茴香油与食用酒精或蒸馏酒配制的酒。茴香油中含有大量的苦艾素，浓度45%的酒精可以溶解茴香油。茴香酒有无色和有色之分，酒液光泽较好，茴香味浓郁，口感不同寻常，味重而有刺激，酒精度在25度左右。茴香酒以法国酿造的较为有名，其品种有：里卡尔（Ricard）染色、培诺（Perhod）茴香色、白羊倍（Berger blanc）。

（2）比特酒。比特酒是从古药酒演变而来，有滋补作用。其品种很多，有清香型、浓香型，颜色有深有浅，也还有不含酒精的比特酒。比特酒类的共同特点是有苦味和药味。配制比特酒的主酒是葡萄酒和食用酒精，用于调味的原料是带苦味的花卉和植物的茎、根、皮等。酒精度为16度~40度之间。著名的比特酒产于法国、意大利等国，其品种有：意大利康巴利（Campari）、法国杜宝奶（Dubonnet）、意大利西娜尔（Cynar）、法国苦·波功（Amer picon）、法国安格斯特拉（Angostura）。

（3）味美思酒。

2. 甜食酒

甜食酒一般是西餐在用甜食时饮用的酒品。其主要特点是口味甜。甜食酒与利口酒的区别是，甜食酒大多以葡萄酒为主酒，利口酒则是以蒸馏酒为主酒。著名的甜食酒大多产于欧洲南部，主要有：

（1）波特酒。

（2）雪利酒。

（3）马德拉酒。产于大西洋中的马德拉岛，是用当地产的葡萄酒和蒸馏酒为基酒勾兑而成。酒色从淡琥珀色到暗红褐红，味型从干型到甜型。它既是世界上优质的甜食酒，又是上好的开胃酒。酒精度为 16 度 ~ 18 度。其主要品种有：马德拉酒（Madeira Wine）、舍西亚尔（Sercial Wine）。

3. 利口酒（餐后甜酒）

利口酒是一种以食用酒精和其他蒸馏酒为主酒，配以各种调香材料，并经过甜化处理的含酒精饮料，多在西餐餐后饮用，能起到帮助消化的作用。利口酒按照配制时所用的调香材料，可以分为果实利口酒、药草利口酒和种子利口酒 3 种。酒精度在 30 度 ~ 40 度。著名的酒品产于法国和意大利。较著名的品种有：意大利杏红利口酒（Amaretto）、法国茴香利口酒（Anisette）、法国修道院酒（Chartreuse）、法国本尼狄克丁酒（Benedictine）、君度酒（Cointreau）、金标利口酒（Drambuie）、荷兰蛋黄酒（Advocaat）。

小提示

外国酒的品尝建议

红葡萄酒室温 18 ~ 20℃，开瓶后，得等待 15 ~ 30 分钟之醒酒时间，方斟酒才会圆润柔顺易入口。宜搭肉类、洋葱、奶酪。酒杯选广口直立厚杯型。

白葡萄酒 10 ~ 12℃开瓶前先于冰桶内冰凉。斟酒量不超过杯容 1/2，宜搭配海鲜食物。酒杯选郁金香型高脚杯。

白兰地室温斟酒量不超过杯容 1/5，饮用时以手掌捧握杯底，使掌心温度将白兰地渐渐升温，并随时摇动酒杯，使香气徐逸，聚在杯口，边闻边尝，慢慢品酌，可帮助消化，促进血液循环。酒杯选口小腹圆矮脚杯。

威士忌常温纯饮或加冰块及矿泉水，通常于直立杯内先加 1/3 冰块，再斟酒以不超过冰块之量。但高年份的威士忌宜纯饮，方能享受其细致与香醇。酒杯选直立矮杯。

第四节　非酒精饮料

非酒精饮料是指酒精含量小于 0.5%（体积比），以补充人体水分为主要目的的流质食品，包括固体饮料。如：碳酸饮料、果蔬汁饮料、茶饮料等。这里主要介绍的是茶和咖啡的知识。

一、茶的基本知识及其服务

茶是一种受大众普遍喜爱的有益饮料，是世界四大饮料之一。茶是中国的国饮，我国是世界上较早以茶叶作为饮料的国家，已有2 000多年的栽培茶树历史。唐代茶圣就曾著有《茶经》。在中国饮茶是十分普遍的，并且有以茶敬客的传统习惯。除中国外，世界上主要产茶的国家还有印度、斯里兰卡、印度尼西亚、巴基斯坦、日本等。

小提示

茶的功效

茶叶中含有300多种化学成分，如蛋白质、脂肪、氨基酸、碳水化合物、维生素和茶多酚、茶素、芳香油、脂多糖等，都是人体不可缺少的营养，因茶的不同还有一定的保健和药用作用。适量饮茶，可以兴奋中枢神经，解除疲乏；可以促进血液循环，防止血管疾病；可以帮助消化，去油解腻、减肥美容；可以生津止渴、防暑降温；还可以清热利尿、消炎解毒；可以减轻辐射伤害，预防癌症；可以休心养神，陶冶心性……甚至可以用来做菜等。可能正是因为这样，茶在国外才有“安全饮料”“保健饮料”“健康长寿饮料”等各种各样的赞誉之词。

1. 茶的种类

茶叶按其加工制造方法和品质特点通常分为六大类：白茶、黄茶、绿茶、青茶（乌龙茶）、黑茶（普洱茶），在现代餐厅里，常见的还有花茶。下面着重介绍餐厅中常见的几种茶叶。

（1）绿茶。绿茶又称不发酵茶，是采用高温杀青（蒸青）等工艺，控制了酶的活动和多酚类的氧化，防止茶叶发酵，保持茶叶的天然翠绿色，故称绿茶。绿茶冲泡后呈青翠欲滴的天然色泽，香气清鲜芬芳，口感鲜醇清爽。我国绿茶品种繁多，著名的有浙江杭州西湖的龙井、江苏洞庭湖的碧螺春、安徽的黄山毛峰。我国人民普遍喜爱绿茶。

绿茶具有较强的抗氧化作用，防癌、抗癌作用，降脂作用，防辐射作用。饮用绿茶能够均衡维生素C的摄取量，具有抗菌作用，绿茶拥有清凉解毒的功效，饮茶可以消除吸烟引起的部分危害。

（2）青茶（乌龙茶）。乌龙茶又称半发酵茶，是采用特别的萎凋和发酵方法，同时应用绿茶的杀青方法，使茶叶形成“七分绿、三分红”。乌龙茶既有绿茶的清香味，又有红茶的浓鲜味，主要产于福建、广东、台湾等地，它的品名一般采用茶树名来命名，主要有铁观音、单枞、乌龙、水仙等。

乌龙茶具有降血脂、预防血管疾病的作用；喝乌龙茶可以减肥、预防辐射、预防龋齿及具有较强的抗炎作用；喝乌龙茶还可以改善人体内维生素C和维生素P，具有抗氧化、防衰老的作用。

(3) 红茶。红茶也称发酵茶，是经过萎凋、揉捻、发酵、干燥等工艺处理的茶叶。由于发酵后它的茶色和叶底均呈红色因此得名红茶。红茶冲泡后颜色红艳、滋味浓鲜。欧洲人、我国老人一般喜爱饮用红茶，同时红茶也是制作奶茶的主要原料。主要品种有：安徽祁红、云南滇红、广东英红等。

红茶性温，擅温中驱寒，胃温驱寒，能化痰、消食、开胃。红茶适合脾胃虚弱者饮用。

小提示

红茶的冲泡方法

取红茶50克，砂糖300克，将茶叶放入锅内并注入开水约0.7千克大火烧沸，熬4~5分钟拿到微火上煮成茶卤（约剩0.5千克左右）过箩筛，装入瓷壶就可以了。上台时每碗（杯）倒入茶卤50克，对上开水就可以饮用了。

(4) 黑茶。黑茶有时也通指普洱茶，是一种加工复制茶。一般是用比较粗的茶叶枝梢制成的紧压茶，或用绿茶、红茶、花茶片（末）做原料，经调制拼配，蒸压处理成砖、饼等不同形状，如青茶、茯砖、七子茶饼、沱茶等，主要产区有云南、四川等地。黑茶多受我国少数民族特别是藏族人民的喜爱，近几年也逐渐风靡全国各地，特别是珠三角地区。

(5) 花茶。花茶又称香片，一般采用绿茶坯加入一定量含苞待放的各种花熏制而成。它的特色是既保持原有茶香风味，又带有鲜花的芬芳，是我国独有产品，主要品种有菊花茶、茉莉花茶、玫瑰花茶、柚子花茶、玉兰花茶等。花茶多受华北、东北地区和四川人喜爱，在全国各地也十分受女性的喜爱。

花茶自身内在成分具有抗氧化、抗衰老、降血糖、降血脂、减肥消脂、防止动脉硬化、抑制细菌，抗辐射等功效。花茶保留了茶叶的保健功能，同时因其与鲜花混合，又具有鲜花的药理特性，花茶的保健功能比单纯的茶叶更广泛。

小提示

各种花茶的功效

玳玳花茶：具有很好的健胃、行气的功效，胃病患者、老年人，饮用玳玳花茶，可以使气血舒畅、健胃和脾。

玫瑰花茶：具有理气止痛、活血去淤的功能，比较适合女性饮用。

茉莉花茶：具有理气开郁、辟秽、和中的功效。

金银花茶：具有抗炎解毒作用、清热解毒作用；对外感风热或温病初起，身热头痛、咽干口燥等有一定作用；对湿温阻喉、咽喉肿痛等有解毒止痢凉血利咽功效。

薰衣草花茶：具有祛痘祛斑，缓和神经紧张，镇定心神，治疗失眠、头痛、咳嗽，并可使皮肤有光泽的作用，但要注意怀孕妇女不宜使用。

菊花茶：具有疏散风热、平肝明目、清热解毒的作用。长期饮用有降血压、扩张冠状动脉和抑菌的作用，能增加人体钙质、调节心肌功能、降低胆固醇，主要适合中老年人和预防流行性结膜炎时饮用。同时，菊花茶也具有一定的松弛神经、舒缓头痛的功效。

2. 泡茶的技巧

因为茶多用开水冲泡，所以叫“泡茶”，另外也称沏茶或冲茶。在餐厅泡茶，可以先放适量茶叶于茶壶内，然后加开水到壶的九成盖上盖，斟给客人即可。当然，好茶、好水、好茶具，还要掌握好的泡茶技术，才能真正得到一杯好茶，泡茶技术包括：茶叶用量、泡茶水温和冲泡时间等。

（1）茶叶用量。泡茶时每次茶叶用多少，并没有统一的标准，而是根据茶叶种类、茶具大小以及消费者的饮用习惯而定。茶叶种类繁多，茶类不同，用量各异，茶和水的比例也随茶叶的种类及嗜茶者情况等有所不同，嫩茶、高档茶用量可少一点，粗茶应多放一点。如冲泡一般红、绿茶，每杯放 3 克左右的干茶，加入沸水 150 ~ 200 毫升；如饮用普洱茶，每杯放 5 ~ 10 克，用茶量最多的是乌龙茶，每次投入量为茶壶的 1/2 ~ 2/3。一般来说，茶与水的比例以 1∶30 为宜，对嗜茶者，一般红、绿茶的茶、水比例为 1∶50 至 1∶80，即茶叶若放 3 克，沸水应冲 150 至 240 毫升；对于一般饮茶的人，茶与水的比例可为 1∶80 至 1∶100。家庭中常用的白瓷杯，每杯可投茶叶 3 克冲开水 250 毫升；一般的玻璃杯，每杯可投放茶 2 克，冲开水 150 毫升。

（2）泡茶水温。泡茶的开水，一般采取现沸现泡，泡茶要注意水温，水温过高茶味会变苦涩，水温太低则茶叶浮而不沉，茶水不香，味不醇，淡而无味。对于高级绿茶，特别是各种芽叶细嫩的名茶，不能用 100℃的沸水冲泡，一般以 80℃（指水烧开后再冷却）左右为宜，这样泡出的茶汤一定嫩绿明亮，滋味鲜爽，茶叶维生素 C 也较少破坏。泡饮各种花茶、红茶和中、低档绿茶，则要用 100℃的沸水冲泡，如水温低，则渗透性差，茶中有效成分浸出较少，茶味淡薄。泡饮乌龙茶、普洱茶和沱茶，每次用茶量较多，而且因茶叶较粗老，必须用 100℃的滚开水冲泡。有时，为了保持和提高水温，还要在冲泡前用开水烫热茶具，冲泡后在壶外淋开水。

（3）冲泡时间。泡茶时间要根据茶叶的质量和用茶量的多少而定。一般质量好的茶，冲泡的时间宜短些，否则宜长些；用茶量多，冲泡时间宜短，反之宜长。一般茶叶可连续冲泡数次。

对于一般红绿茶，每杯放茶叶 3 克左右，用约 200 毫升沸水冲泡，加盖 4 ~ 5 分钟后，便可饮用。而对于颗粒细小、揉捻充分的红碎茶与绿碎茶，用沸水冲泡 3 ~ 5 分钟后方可饮用。

乌龙茶多用小型紫砂壶。在用茶量较多（约半壶）的情况下，第一泡 1 分钟就要倒出来，第二泡 1 分 15 秒（比第一泡增加 15 秒），第三泡 1 分 40 秒，第四泡 2 分 15 秒。

（4）茶具。茶具通常是指茶壶、茶杯、茶碗、茶盘、茶盅、茶托等饮茶用具。东北、华北一带，大多数人喜喝花茶，一般常用较大的瓷壶泡茶，然后斟入瓷杯饮用。江南一带，普遍爱好喝绿茶，多用有盖瓷壶泡茶。福建、广东、台湾以及东南亚一带，特别喜爱乌龙茶，宜用紫砂器具。四川、安徽地区流行喝盖碗茶，盖碗由碗盖、茶碗和茶托三部分组成。喝西湖龙井等名绿茶，则选用无色透明玻璃杯最理想。品饮名绿茶和细嫩绿茶，无论使用何种茶杯，均宜小不宜大，否则，大热量容易使茶叶烫熟。

（5）泡茶之水。泡茶的用水以泉水最好，雨雪水、非盐碱地区的山麓溪水、清洁的江湖、井水及经过净化的自来水次之。在餐厅中大部分用的是纯净的桶装水。

3. 冲泡方法

茶叶的冲泡，一般只要备具、备茶、备水，经沸水冲泡即可饮用。但要把茶固有的色、香、味充分发挥出来，冲泡得好，也不是易事，要根据茶的不同特性，应用不同的冲泡技艺和方法才能达到。

（1）绿茶的冲泡。细嫩绿茶的冲泡，要求茶具（茶杯或茶碗）洁净，通常用透明度好的玻璃杯（壶）、瓷杯或茶碗冲泡。杯、碗内瓷质洁白，便于衬托碧绿的茶汤和茶叶。

冲泡的手法很有讲究，要求手持水壶往茶杯中注水，采用“凤凰三点头”的手势，使注入的热水冲动茶叶，上下浮动，茶汁也易泡出。另外，在冲泡时常先注入少量热水，使茶叶浸润一下，稍后再注水至离杯沿 1～2 厘米处即可。若待客，可将泡好茶的茶杯或茶碗，放入茶盘中，捧至客人面前，以手示意，请客人品饮。

（2）红茶的冲泡。红茶的饮用方法，归纳起来大体分为清饮法和调饮法两类。

清饮法，就是将茶叶放入茶壶中，加沸水冲泡，然后注入茶杯中细品慢饮。好的工夫红茶一般可冲泡 2～3 次，而红碎茶只能冲泡 1～2 次。

调饮法，是将茶叶放入茶壶，加沸水冲泡后，倒出茶汤，在茶杯中再加奶或糖、柠檬汁、蜂蜜、香槟酒等，根据个人爱好，任意选择调配，风味各异。调饮法用的红茶，多数用红碎茶制的袋泡茶，茶汁浸出速度快，浓度大，也易去茶渣。

一般来说，品饮红茶，选用茶具也很重要，以选用咖啡茶具较为适宜。

（3）乌龙茶的冲泡。冲泡乌龙茶有专门的茶具，广东、福建人喜爱用“烹茶四宝”——潮汕烘炉、玉书、孟臣罐、若深瓯。潮汕烘炉是烧开水用的炭火炉；玉书为烧开水的水壶，一般是扁形的薄瓷壶，约能容水 20 克；孟臣罐为紫砂壶；若深瓯是微型精制的白色小瓷杯。

冲泡前先用开水将茶具（茶壶、茶杯、茶盘）淋洗一遍，以保持茶具洁净，又利于提高茶具本身的温度。

当壶中置茶以后，沸水沿壶内壁缓缓冲入，在水漫过茶叶时，便立即将水倒出，称之为“洗茶”，洗去茶叶中的浮尘和泡沫，便于品其真味。

洗茶后即第二次冲入沸水，水量以溢出壶盖沿为宜，盖上壶盖。冲水的方法应由高到低，且在整个泡饮过程中需经常用沸水淋洗壶身，以保持壶内水温，充分泡出茶叶的香味。

斟茶方法也与泡茶一样讲究，传统的方法是用拇、食、中指夹着壶的把手。斟茶时应低行，以防失香散味。茶汤按顺序注入几个小茶杯内，注量不宜过满，以每杯容积的1/2为宜，逐渐加至八成满，使每杯茶汤香味均匀。

（4）花茶的冲泡。花茶是融花香、茶味于一体的茶类。花茶的品饮虽重于香气，但高档毛峰花茶其形状仍有很高的欣赏价值。

品饮高档名优花茶，通常选用透明的玻璃杯冲泡。可透过玻璃杯欣赏茶胚精美别致的造型，如冲泡的是特级茉莉毛峰花茶，可欣赏到毛峰芽叶在杯中徐徐展开，朵朵直立，上下沉浮，栩栩如生的景象，别有情趣。泡好后，先揭盖闻香，鲜灵浓纯，扑鼻而来。再尝其味，花香茶味，令人精神振奋。

中、低档花茶，主要是闻香尝味，一般选用洁净的白瓷杯或白瓷茶壶冲泡。

北方居家品饮花茶，常采用茶壶共泡分饮法，具有方便、卫生的特点，家人老小团聚，泡上一壶茶，一边品饮，一边拉家常，会给家庭增添温馨气氛。四川人品饮花茶，很有地方特色，常用一套三件头茶具（茶碗、茶托、茶盖）泡茶，边饮品，边摆“龙门阵”，悠然自得。

（5）紧压茶的冲泡。紧压茶冲泡至今仍沿用古老的传统方法。

我国生产的紧压茶大多为砖茶，较为坚实，加之原料较粗老，所以用开水冲泡难以浸出。

饮用时必须先将砖茶捣碎，在铁锅或铝壶中烹煮，而且有时在烹煮过程中，还要不断搅拌，以使茶汁充分浸出。

饮用紧压茶的，多半是西藏、内蒙古、新疆等地的少数民族，那里多属高原地区，气压低、水不到100℃就沸腾，如果用冲泡法冲泡砖茶，茶汁便不易浸出，所以紧压茶需用烹煮法才能饮用。由于地区不同，民族不同，风俗不同，紧压茶的调制方法也有所不同。

从各地区少数民族饮茶习俗可以看出，紧压茶的调制方法与众多其他茶的冲泡法至少有三点不同：一是饮用时先要将紧压茶打碎；二是不宜冲泡，要用烹煮方法才能使茶汁浸出；三是烹煮时，大多加上作料，采用调饮方式饮茶。

小提示

斟茶基本功

茶泡好后，应等客人就座后，即上前斟茶，在中国很多地方有这么一句俗语“酒满敬人，茶满欺人”，因此茶以七、八分满为好。

倒茶水时，应用右手拿壶把，左手轻按壶盖。倒茶顺序也应和斟酒顺序相似。倒完茶水后，壶嘴不要对着客人。

倒茶水时，要注意让茶礼节。服务员斟好茶应礼貌说一声“请用茶”，并可以辅助手势。

斟倒茶时，应从客人右边斟茶，并要先讲“请让一下”，提醒客人，以免烫伤客人。

二、咖啡的基本知识及其服务

中国经济的腾飞和旅游业的飞速发展，吸引了世界各地的外资企业到中国投资，也带动了饭店餐饮业的繁荣，酒店内供外宾聊天的咖啡厅比比皆是。许多城市，一夜之间，在街头巷尾，不知不觉中也多了许许多多的咖啡厅。那么，作为一名餐厅服务员，必须了解一定的相关知识，才能更好地为顾客提供优质、规范的服务。

咖啡是世界上消费最多的饮料之一，原产于非洲，在19世纪下半叶被引种到我国台湾。咖啡是将咖啡树的种子烧成棕色，磨成粉末制成的饮料。当今巴西、印度尼西亚有大量栽种，国内广东、广西、云南、福建也有种植。

咖啡含有咖啡因、脂肪、蛋白质、糖类、无机盐和多种维生素。饮用咖啡不仅能解渴，而且还能帮助消化、提神，解除疲劳，促进思考与防暑等。

1. 咖啡的种类

咖啡种类繁多，这里介绍咖啡种类中的一些比较经典的类型：

（1）蓝山咖啡。咖啡种类中蓝山咖啡是咖啡中的极品，产于牙买加的蓝山。受到加勒比海环抱的蓝山，每当太阳直射蔚蓝海水时，便反射到山上而发出璀璨的蓝色光芒，故而得名。此种咖啡拥有所有好咖啡的特点，不仅口味浓郁香醇，而且由于咖啡的甘、酸、苦三味搭配完美，所以完全不具苦味，仅有适度而完美的酸味。一般都单品饮用，但是因产量极少，价格昂贵无比，所以市面上一般都以味道近似的咖啡调制。

（2）哥伦比亚咖啡。哥伦比亚咖啡产地为哥伦比亚，烘焙后的咖啡豆，会释放出甘甜的香味，具有酸中带甘、苦味中平的良质特性，因为浓度合宜的缘故，常被应用于高级的混合咖啡之中。

（3）碳烧咖啡。是一种重度烘焙的咖啡，味道焦、苦不带酸，咖啡豆有出油的现象，极适合用于蒸汽加压咖啡。

（4）圣多斯咖啡。咖啡种类之三的圣多斯咖啡主要产于巴西的圣保罗。此种咖啡酸、甘、苦三味，属中性，浓度适中，带着适度的酸味，口味高雅而特殊，是最好的调配用品，被誉为咖啡之中坚，单品饮用风味也佳。

（5）摩卡咖啡。摩卡咖啡产于埃塞俄比亚。豆小而香浓，其酸醇味强，甘味适中，风味特殊。经水洗处理后的咖啡豆，是颇负盛名的优质咖啡，普通皆单品饮用，但若能调配混合咖啡，更是一种理想风味的综合咖啡。

（6）康娜咖啡。康娜咖啡是由夏威夷的康娜地区火山熔岩所培育出来的咖啡豆，味道香浓、甘醇，且略带一种葡萄酒香，风味极为特殊。上选的康娜咖啡有适度的酸味和温顺丰润的口感，以及一股独特的香醇风味，令咖啡爱好者难以忘怀。目前，由于产量日趋减少，且市场需求量颇大，使得康娜咖啡豆的价格直追蓝山咖啡。

（7）曼特宁咖啡。曼特宁咖啡产于印尼苏门答腊。酸味适度，带有极重的浓香味，口味较苦，但有种浓郁的醇度。一般咖啡的爱好者大都单品饮用，但也是调配混合咖啡时不可或缺的品种。

（8）爪哇咖啡。爪哇咖啡产于印尼的爪哇岛，属于阿拉比卡种咖啡。烘焙后苦味极强而香味极为清淡，但感觉不到任何酸味，这种口味深受荷兰人的喜爱。此种咖啡豆最常使用于混合咖啡与即溶式冲泡咖啡。

（9）危地马拉咖啡。危地马拉咖啡产于危地马拉。此豆属于波旁种的咖啡豆，是酸味较强的品种之一，味道香醇而略具野性，最适合用来调配成混合咖啡。

2．咖啡的冲泡

咖啡冲泡的方法十分多而且繁琐，法兰绒滤网冲泡、汽加压煮咖啡器、水滴式咖啡器、伊芙利克、虹管咖啡煮沸器等，这里只介绍其中最简单的一种冲泡方法和餐厅中常用的速溶咖啡的冲泡方法。

（1）滤纸冲泡法。滤纸冲泡是所有咖啡冲泡方法中最简单的一种。滤纸可以使用一次立即丢弃，比较卫生、也容易整理。开水的量与注入方法也可以调整。一人份也可以冲泡，是人数少时的最佳冲泡法。如图6—8和图6—9所示。

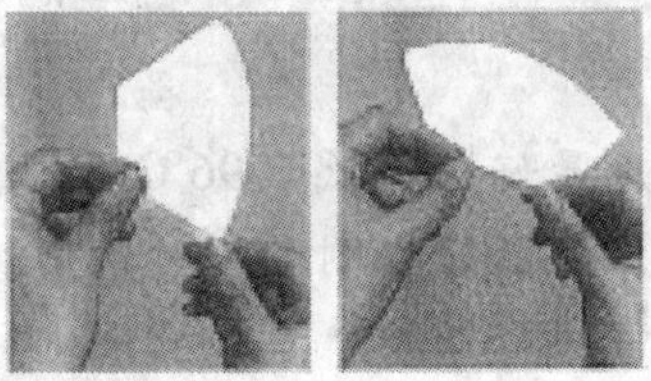

步骤1

步骤2

步骤3

图6—8　滤纸冲泡法（一）

步骤4

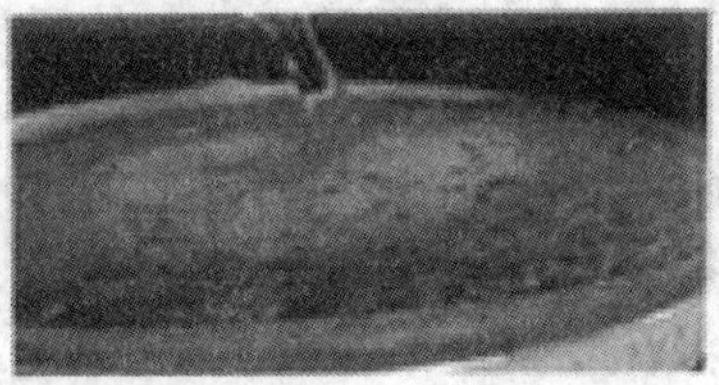

步骤5

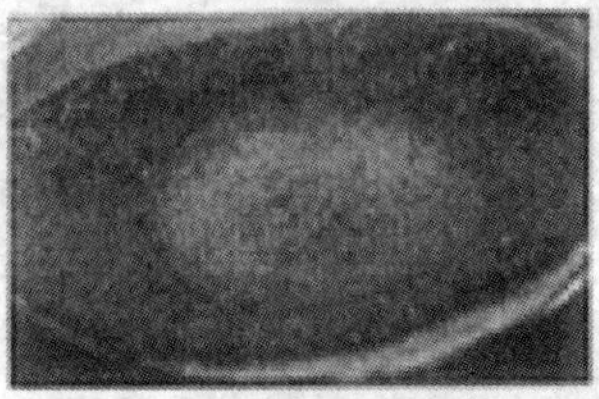

步骤6

图6—9　滤纸冲泡法（二）

滴漏器有一孔与三孔之分。在此使用三孔式。注入开水用的壶口最好是口尖细小，可以使开水垂直地倒于咖啡粉上，比较适当。

1）过滤纸的接着部分沿着缝线部分折叠再放入滴漏中。

2）以量匙将研磨的咖啡粉依人数份（一人份约 10 ~ 12 克）倒入滴漏之中，再轻敲几下使表面呈平坦。

3）用茶壶将水煮开后，倒入细嘴水壶中，由中心点轻稳地把开水注入，缓慢地以螺旋方式使开水渗透且遍布咖啡粉为止。

4）为了要将可口的成分抽出，将已膨胀起来的咖啡粉多蒸一下（停留 20 秒左右）。

5）第二次的开水，从咖啡粉的表面慢慢地注入。注入水量的多寡必须与抽出咖啡液的量用量一致，将过滤的开水量保持一定。

6）抽出液达到人数份时即可停止。

3. 速溶咖啡的冲泡

（1）先放水后放咖啡。首先兑出小半杯略低于开水温度的温水，将咖啡倒入，向同一方向旋晃杯子，直至咖啡全部溶解均匀。

（2）开水迅速冲泡。杯中咖啡均匀溶解后，迅速加入开水至满杯，可以轻晃杯子也可以用小匙搅匀，稍微放一会儿，就可以品尝了。

（3）奶香醇浓风味。如果喜欢奶香醇浓风味，只要再另加一包咖啡伴侣即可，口感会变得格外醇厚丝滑。

小提示

煮咖啡注意事项

沸腾会使咖啡变苦，故千万不要煮沸咖啡，适当的冲泡度最好应略低于 96℃。

咖啡不可以再加热，冲煮时应注意仅煮每次所需的分量，且最好在刚煮好时饮用。咖啡的最佳饮用温度为 85℃。

水在一杯咖啡中占 98%，故最好使用过滤后的水来冲煮咖啡，尤其不能使用含氯的水。

不要重复使用咖啡残渣，已冲泡过的咖啡渣仅留下令人不愉快的苦味。

根据所使用的咖啡器而作正确的咖啡研磨，过细的研磨会使得咖啡较苦，同时也较容易堵住咖啡器。太粗糙的研磨，则冲出的咖啡没有味道。以过滤式的冲法来说，适当研磨的咖啡粉每次滴过的时间应为 2 ~ 4 分钟。

推荐用量：2 匙圆汤匙的咖啡粉/6 盎司的水。

4. 咖啡的服务程序

（1）用标准化的礼貌礼仪，迎接客人。当客人进入到咖啡厅之后，要礼貌地迎接客人，并将客人引领到一个合适地坐位上。